TOKYO STYLE

日常東京

都築響一 文字／攝影

陳怡君 譯

TOKYO STYLE

KYOICHI TSUZUKI

【推薦序】在這裡，看見每個人的性格

　　年約二十歲左右，我離家到台北念大學，住學校宿舍，與家人朋友聯絡的方式是 B. B. Call，我忘了是不是有想過，在未來的二十年後我會是從事什麼樣的工作，過著怎麼樣的生活，那個時候世界又會變成什麼樣子呢？

　　寫真家都築響一用兩年時間，記錄在東京那些廉價租金房子裡的生活樣貌，在他不多修飾的鏡頭下顯影一幀幀珍貴照片，佐以旁白式的平實文字，偶爾穿插甩尾力道的戲謔字句，精采到目不暇給。從〈亂調之美〉篇裡，帶我們看見學生房裡的混沌之美，一個個雜亂無章的房間內，充滿實驗性的創意用法，並隨著歲月形塑出生活的軌跡，在牆上、桌上留下樣貌，不用一言一語，是最坦誠的行動藝術。

　　〈可愛是至寶〉中，即便不再是年輕學生，也不吝於「裝可愛」。他們不像歐美人急著轉大人，「好可愛」的讚美遠比「真優雅」有價值。房間即使已威脅到生存空間的玩偶公仔，仍是心目中、生活裡不可缺少的必備元素。無論何時，這都是日本人最鮮明的特色。

　　畢業後可能有另一種生活方式：把家當工作室。〈在工作室打地鋪〉展現的不只是生活姿態，還是一方孕育創造力的溫室，工作加居住，更是二十四小時的活動場域，生活即養分，房間則是工作和生活交錯下，深刻斧鑿的完整形貌。透過家中的每個物件：書籍、影碟、家電與家具等，窺看每個人的性格。在這裡，照片中承載的故事有著不可承受之重。

　　轉到〈和風就是物美價廉〉裡，原來木造和室意味著廉價的租金，且唯有和室結構能讓人享受不需家具的自在生活。不過房內並不因此空曠，選擇的生活雜貨，不是充滿個性、就是能融於無形的無個性商品，其堆疊出的爆炸空間，代表個人生活的豐富，造就著城市的豐富，更是社會觀察的一面鏡子。

〈為物而瘋狂〉裡，驚訝的是即使因收入有限而入住租金便宜的房間，卻被自己喜愛的收藏品毫不客氣的激情充斥著。不過一旦有了家庭小孩，〈兒童的王國〉裡的居住空間反而對收納和整理反映出較大的克制力。〈住居的絕對必要條件〉就現在看來有點不可思議，其在於入住者對室內裝潢漠不在意，僅只關注自己感興趣的事物，使其成為空間的主角恆星，可以是烹飪天堂，可以只是下趟旅行的中繼驛站。

最後的篇章是關於〈隱身於市街之中〉。真正隱士毋須隱居山林，即便都會的水泥叢林依舊能怡然自得，這些即便或狹小或老舊或畸零的空間，無論外人看來雜亂寒酸或失序，屋主仍能活出一套別具風格的生活法則，終究，離不開東京啊。

二十年後，我的 Call 機變成了 LINE，我讀著正流行的斷捨離與極簡主義，思忖這些空蕩蕩的房間個性與生命力該從何窺看？而本書中屬於昭和末期、九〇後的建築與生活型態，是正值日本泡沫經濟下的一枚枚印記，看起來一間間超載滿溢的房間，透露出的究竟是富足的物質生活，抑或是空虛心靈不安的投射呢？我想，空間所呈現出的時代語彙，永遠都是最精采、最誠實的人性產物，這本書因此更彌足珍貴。

吳東龍　設計觀察作家

關於吳東龍：學習設計、觀察設計、書寫設計、出版設計也從事設計工作。2006 年起，於華文地區出版個人全創作書籍《設計東京》系列繁、簡版，現為作家、書籍編輯、視覺設計師與專業講師，亦從事設計展覽、書系與講堂規劃等工作。2013 年起參與廣播節目「建築美樂地／遇見設計」單元錄製迄今，並於台、港、中參與講座及主持活動逾百場。文字、設計作品見於兩岸三地媒體與出版，現為「東喜設計 Tomic Design」負責人。2015 年出版《100 の東京大人味發見》。持續探尋、發現設計在城市與生活之間的無限可能。（個人臉書：吳東龍的設計東京）

我至愛的 HONDA 50CC ——
它載著我的裝備和我龐大的身軀，
完全沒有怨言地跟我一起遊東京。

C O N T E N T S

序 ———————————— 20

亂調之美 ———————————— 25

可愛是至寶 ———————————— 79

在工作室打地鋪 ———————————— 131

和風就是物美價廉 ———————————— 171

為物而瘋狂 ———————————— 203

兒童的王國 ———————————— 255

住居的絕對必要條件 ———————————— 285

隱身於市街之中 ———————————— 329

後記 ———————————— 375

T O K Y O

東京感覺似乎是全世界最不適合居住的都市。一杯咖啡要時十美元，一頓晚餐要一百美元，一平方公尺地價十萬美元……不過，這些數字對我們來說完全不具真實感。至於回家時全身穿著和服的太太就坐在玄關，茶室裡傳來鍋中熱水微微沸騰的美妙聲響……這些只會出現在日本老電影或那些外國的日本控們腦海中的畫面，與我們的日常生活可以說根本是八竿子打不著。

我們的生活要普通多了。木造公寓或大樓裡的小小空間雜七雜八塞滿了各種物品，地毯上立著暖爐桌，或是榻榻米搭配西式家具。我們就在這樣的空間裡自在地過日子。

房間真的很狹小。甚至有不少空間小到歐洲人或美國人看到一定會以為是貧民窟。不過，塞滿這些空間的東西也有不少是高級品呢。

對於那些只要有錢就會在遠離人群的地方蓋一幢大房子、居住空間舒適安逸的歐美人來說，這種生活環境簡直就像一場鬧劇般滑稽又可笑。但實際上我們卻住得十分舒坦。

明明花相同的租金可以在郊外租到更寬闊的房子，為何卻執意選擇居住在市中心的狹隘空間裡？東京是個相當安全的都市，女性即便披著睡袍大半夜走去便利商店買東西，或者是喝得爛醉如泥、口袋明顯可以看見錢包地醉倒在路旁，基本上都不會發生什麼危險。只要能夠在喜歡的書店或服裝店、餐廳、酒館旁找到一間小房子，整條街連帶也變成了自己家的一部分。於是，不少看中這項優點的人們，就這麼一派輕鬆地在這座都市展開了生活。

S T Y L E

　　極盡「和風」傳統之美的寫真集、一面倒盡是冰冷現代建築的大開本作品集、由設計師完美操刀的室內裝潢／裝飾雜誌等等，這些多到令人頭昏眼花的所謂「日式空間」印刷品，大舉占據了書店的各個角落。只是，當中卻完全嗅不到有任何人實際居住在其中的氣息。這是因為這些都不是記錄人類生活的實際空間，充其量不過是建築師或攝影師的作品集，抑或是呈現商品的另類手法。甚至可以説根本就沒有人是真的居住在如同照片中的空間。

　　經常出現於華麗寫真集或厚厚一冊雜誌中的居家裝潢……現實生活中，我們身邊有多少人是真的住在那樣的房子裡？我倒是認識不少人，住在既狹小又擁擠的空間裡，卻相當怡然自得。所謂的「STYLE」，應該是四處可見的現象才有資格稱之為「STYLE」吧。既然身旁不見半個人是住在這樣的空間裡，又怎麼能夠説它是一種「STYLE」呢！拜託各位別再繼續以經常出現在大眾媒體的美麗日本空間影像來欺騙不知情的外國人了。我們真實的居住、生活空間是這個模樣，將貨真價實的「TOKYO STYLE」呈獻給世人，便是我寫這本書的目的。也許有人會感嘆這樣的住居真是小得可憐，也許會訝異環境竟然如此雜亂，這都無所謂。因為這就是現實。而這個現實卻一點兒也不讓人覺得窘迫不安。暖爐桌上有橘子也有遙控器，坐墊旁書本堆成了小山，在捏成團的衛生紙丟得到的距離處擺著垃圾桶……這種有如待在「駕駛艙」般一切掌握在我的自在感，我們可是愛得很。

　　全世界不景氣的情況也許還會持續，許多人的手頭想必也會越來越拮据。如何住在小空間裡依然悠然自得，也許反而是一種更具前瞻性的生活技能呢。

1992 年於東京　都築響一

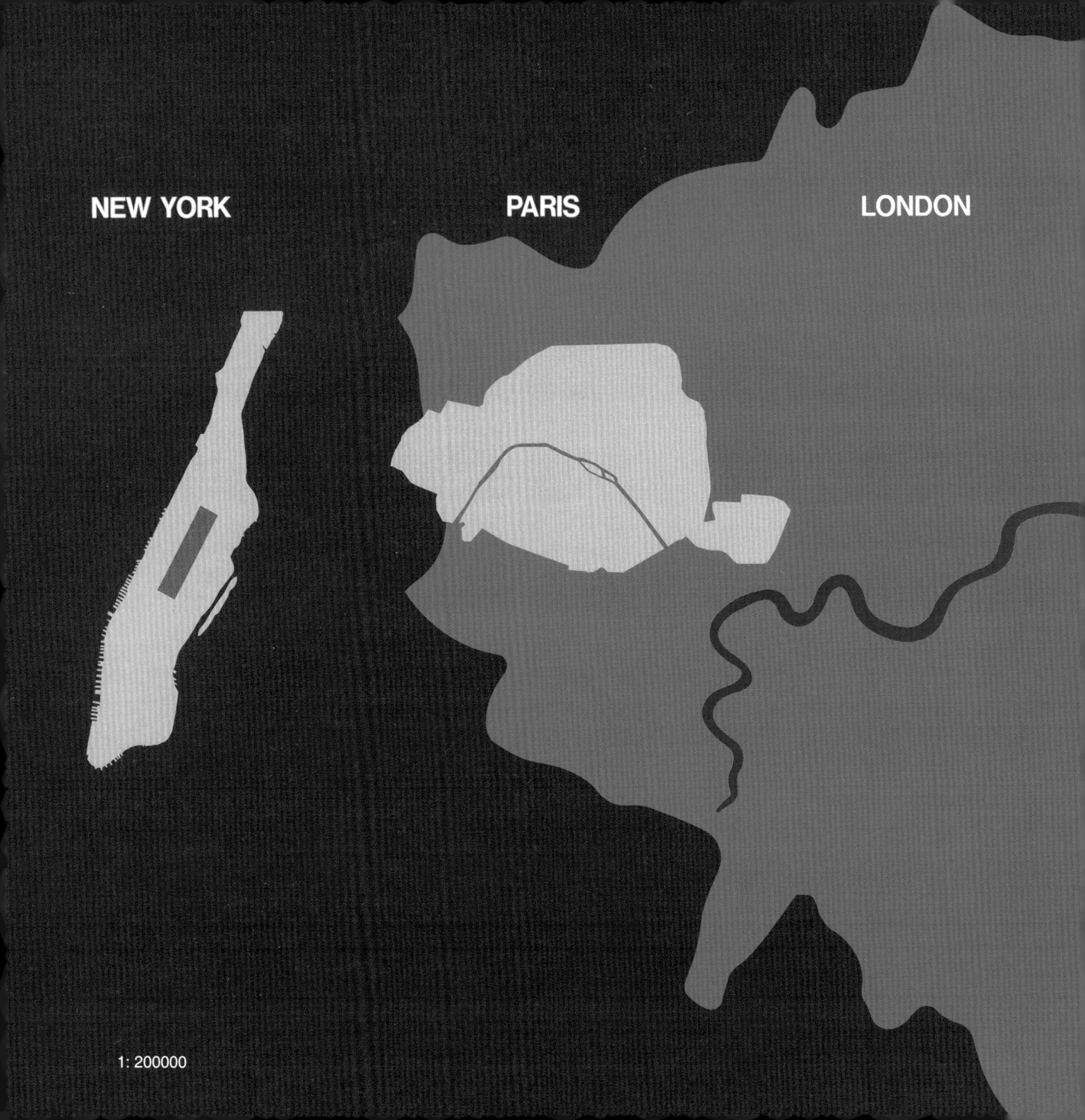

NEW YORK PARIS LONDON

1: 200000

TOKYO

TOKYO

東京 & 橫濱全英文地圖　日地出版社發行

BEAUTY IN CHAOS

亂調之美

二十世紀的無政府主義思想家大杉榮曾經
語出驚人地表示，日本的美學本質為「亂
調之美」。乍見之下的凌亂不堪，對生活
在其中的屋主來說其實自有一套固定的秩
序，這種經由「有機的混沌」消化過的空
間，所謂的雜亂、骯髒反而成了一種令人
無法抗拒的魅力。

翻倒書堆小山，就為了想看看有哪些書；
伸手取下書架上的物件，輕輕拍掉上頭的
灰塵看看是什麼奇妙的東西……雖然是別
人的房子，卻不斷誘惑你走進去一探究竟，
這就是為什麼你會想要一腳踏入受到這種
美好混沌支配的空間的原因了。「CHAOS」
這個字除了表示混沌，追溯其本又具有深
淵之意，也難怪美的本質就在其中。

藝術氣息濃厚的同居生活

這是一對出生於京都，三十三歲與三十二歲的藝術家兄
弟檔。因為考上美術大學而來到東京，兩人在這間有兩
房的木造公寓共同生活超過了八年。房子的結構雖然看
起來破舊，但包含衛浴設備的月租金只要八萬日圓，可
以說是相當便宜。哥哥在進門處的房間擺上了床鋪使用，
弟弟則是於暖爐桌旁與牆壁之間的空隙處鋪上棉被當臥
室。兩人另外已經各自擁有創作時需要的個人空間，因
此對於房租這麼便宜的房子完全沒有怨言。因為喜歡音
樂，收藏了大量的 CD 與唱片，只是晚上聽音樂必須戴
上耳機，練習吉他時也不能使用擴大器。這大概是唯一
美中不足的地方吧。

鋪在牆邊的被墊是弟弟的睡覺空
間。這個房子位在住宅區二樓，
採光良好，晾的衣服很快就乾
了。書架上幾乎清一色是現代美
術的相關書籍。右手邊那扇日式
推門是衛浴間的入口。

P28：擺在玄關旁的床是哥哥的使用空間。小空間生活不可或缺的晾衣繩同時兼具收納的功能。

P29：由於沒有空白的牆面可以用來吊掛大型的作品，為了保護畫作，平常就只能欣賞畫布的背面。

上：來看看廚房。流理台與餐具櫃之間只有幾步之遙，空間真的很狹窄。但為了節省伙食費，偶爾還是得自己下廚。

下：將所有物品通通散開在桌面上，省去在抽屜裡東翻西找的麻煩。

兄弟兩人合起來的鞋子數量十分驚人，再加上垃圾桶，除了嚴冬時期與晚上，玄關的門幾乎都是大開著，但其實大部分的時間都是關不起來的。

校園生活的真實縮影

典型的學生宿舍樣貌。藝術大學的男女學生宿舍。廣大的校地內矗立著兩棟大樓，分別是男子宿舍與女子宿舍。每一層樓都有兩個獨立區塊，區塊中央是廚房兼客廳，四周則圍繞著五、六間個人房。個人房的空間大概是三張榻榻米大，含一個固定的床架。這所大學算是日本數一數二難考的學校之一，但從學生宿舍的實況看來，學生們的日常生活，倒不一定能如實反映出入學考試的難易度呀。

某個獨立區塊的廚房兼客廳。這裡由四、五名男學生共用、管理。沙袋是學長留下來的重要物品。可以想像這裡每晚都有相當熱烈的藝術對談（大概吧）。桌子底下躺著一朵花，真不愧是藝術大學。

上：每間房間的大小基本上是一樣的，格局是房間底邊有個窗戶，窗戶旁有張床，學生明明都在同樣設計的空間裡，不過因每個人的使用方式不同，看起來每個房間都完全不同，這樣的結果也很有趣。把天花板拆下來後，會發現這個構造是個很棒的收納空間。

下：床下是個可以收納的空間，房間雖然很狹窄，不過他用的東西都很貴。他擁有很多電器產品，從電風扇到立體音響都有。不管哪間房間裡都有很多延長線。

右：女學生的個人房。房間裡整個塗黑，連日光燈管都換成了黑光燈。窗簾是為了拍照才拉開，平常都是關得緊緊的。天花板看似做效果的白框，其實是刷油漆時油漆滾筒塗不到，如此而已。鐵桌上放著三塊磨刀石，感覺十分詭異。

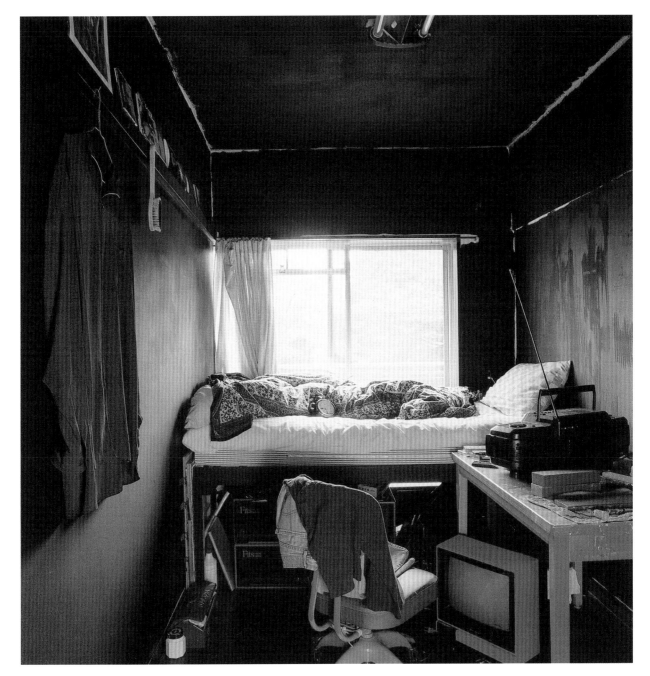

偶爾還是可以看到稍具藝大學生氣息的房間。獨特的壁面裝飾紋路是把石膏塗在牆上做出的效果。完全不考慮之後入住的學生是否喜歡。

饒舌樂般散亂的空間

插畫家、DJ、饒舌樂的音軌製作等音樂活動，每樣工作都剛剛起步、忙得不可開交的年輕男子，這裡是他的工作場所兼住家。工作的相關器具、A片、汽車電話竊聽器等物品散落一地。曾經想過把整個房間都塗成銀色，於是買了噴漆罐，但是從浴室一路到冷氣機這一頭，整個空間充滿了油漆塗料的氣味，只好中途放棄。想利用手繪方式在日式推門畫上唐草圖案，同樣是畫到一半就撐不下去放棄了。屋主非常討厭打掃，女友雖然每星期會來清潔一次，但似乎沒什麼成效。

右：工作場所兼住家全貌。屋主是標準的夜貓族，因此家裡的窗簾總是緊閉著。從照片看不出來，其實房間裡有一股濃厚的噴漆味不斷隨著冷氣瀰漫開來。屋主高中時代參加書法社時的作品掛軸，就懸在牆壁上。

左頁左上：玄關和廚房的模樣，有一部分的天花板被人在修理樓上時踩破了。

左頁右上：因為受挫半途而廢的手繪唐草圖案，與整個房間的氣氛產生了奇妙的共鳴。

左頁左下；從超市「不告而取」的購物推車，成了堆放髒衣物的洗衣籃。接著只要等女朋友來就行了。

左頁右下：廚房兼洗臉台，吃飯當然全部是叫外食解決。

上：書桌一旁有電視及錄放影機。書桌的另一邊是積滿灰塵的DJ台。

下：桌子旁邊有電視和錄影機。

嗜好生活的光與影

古意盎然的日式獨棟房子。長屋式的結構分成左右兩間。一樓有廚房及一個房間，二樓則有兩個房間。一對三十歲左右的職業夫妻就住在這裡。先生從事的是律師工作，興趣十分廣泛，舉凡攝影器材、樂器、電腦到菸草等等都是收藏對象。這些收藏品散落於屋內各處，以至於連個可以駐足的地方都沒有。用餐的矮桌上也堆滿了物品，結果用餐時先生只能擠在勉強挪出的一絲絲空間、太太則站在廚房吃飯。也因為如此，餐點除了丼飯別無選擇。實在擠不出多餘的空間，根本不可能找朋友來家裡玩，真是傷腦筋。

左頁：住宅區隨處可見的獨棟樓房。長屋式的結構，目前使用的部分是一樓的前半部及整個二樓。入口在左邊，走進去裡面是玄關。

上：以真空管喇叭和擴大器，自己組裝的音響設備，因為是木造房子，晚上不能大聲聽非常痛苦。

下：通往二樓、有點陡的樓梯。已經磨損得發亮的木階梯加上兩側都堆滿了物品，走起來十分危險。即便是已經習慣了，偶爾還是會腳底打滑、扭傷了腰。

上：從落地陽台往一樓的房間眺
望，可以看見廚房和玄關。
下：二樓裡面是太太使用的地
方。因為衣櫥已經塞滿了，洋裝
只好掛出來。

右：爬上樓梯到二樓，這個房間
是臥室，鋪上床墊睡覺。這裡
非常空蕩清爽，和一樓的雜亂完
全不一樣。窗外有個小小的曬衣
處。

上：玄關。有輛登山腳踏車塞在
那裡，要從那輛車旁的縫隙擠過
去才出得去。
下：這個廚房雖然很小，不過整
理得很整齊，太太覺得可惜的是
如果能有張餐桌就好了。

一樓的房間變成了先生的遊樂場。影片製作、玩吉他、彈鋼琴、拉拉自製的小提琴等等，從電腦到菸草，嗜好太廣泛的結果就是房間裡每一寸空間都被這些收藏品占據了。從已經搆不到的麥金塔電腦的所在位置可以看出，玩膩了的東西就不斷被往後堆。

衛浴間牆上貼的舊磁磚真討人喜歡。早晨洗個澡身心都舒暢。

現在已經相當罕見、具有木製水槽的日式廁所。充滿禪意的寂靜感。右邊清楚可見的迷你洗手槽也十分懷舊。

音樂戰士的休憩小窩

一路堅持搖滾二十年的音樂評論家兼 DJ，這裡既是住家也是書房，既是倉庫也是錄音室。幾乎過著日夜顛倒生活的屋主大概都要等到傍晚才會出門，被子也一直就那樣丟著，不曾收起來。唯一勉強稱得上是家具的東西是撿回來的會客室桌椅組及鐵桌。就在附近不遠處的老家是屋主的堅強後盾，一個禮拜會回去幾次探望雙親，順便補充營養及洗澡（這間公寓的熱水爐燒的水不夠熱，不見得每次都有熱水可用）。

上：CD 理所當然清一色是搖滾樂，全都整齊地排放在系統書櫃上。令人意外的是，書架上竟然有滿多像金錢怪或夾娃娃機玩偶之類可愛的小東西。

左：除了評論活動，也經常於各個夜店擔任搖滾樂 DJ，因此簡單的 DJ 設備是必需品。

右：結束夜店工作回到家已經是早晨，起床時間通常是傍晚。因此棉被經常都是攤開著，平日窗簾也是緊閉著。

上：為了不用煩惱怎麼搭配衣服，把所有衣服都排列出來。

下：床頭邊什麼東西都有。每天回家之前一定會順便繞去便利商店。

右：玄關整齊排著所有鞋子，右邊走到底是客廳，左邊是廁所、浴室。

科技牛仔的駐紮營地

因為從事電腦相關工作而來到東京的美國人。從這個凌亂不堪、東西散落一地的慘狀，完全看不出這間公寓原本相當寬闊舒適、日照充足、外面還有個陽台等等優點。與其把所有東西都收好，不如全部攤開來，一眼就可以看出什麼東西位在何處，屋主本人如是說，他的女友倒是頗不以為然。為了應付炎熱的夏天，不惜將廚房油膩膩的排氣扇拆下來擺在桌上當電風扇用，十足男子漢的生活態度。

上：原本是有八張榻榻米大的寬闊房間。隨著堆積的物品越來越多，沿著牆壁到地板形成了一道彷彿圓鍋底的弧線，露出來的榻榻米面積少得可憐。

左下：日式壁櫥的上層是衣櫃，把工作上不得已一定要穿的西裝這樣掛著，起床後就可以馬上穿上。

右下：廣泛的興趣是維持居家整潔的一大強敵。

右頁：床邊的控制中心，從麥金塔電腦到披薩外送廣告單，所有需要的資訊都直接放在旁邊，方便隨時查看。

上：從玄關往裡看的情景。

下：自己動手做、感覺相當不耐
震的書架。再往裡面走是獨立的
衛浴間。

右：玄關有仙人掌和熱水器，脫
鞋後進入屋裡。

上：同樣淪陷了的廚房還兼做工
作區。只是桌面已經找不到空位
可以工作了。
下：使用率極高的廚房。

市中心裡的小小藏寶箱

在東京都內少數建有超高級住宅區的廣尾，依然保有一角密布著懷舊木造住宅的區域。只要肯花三萬日圓左右，要找到不帶浴室但含廁所、約三張榻榻米大的個人房，並不是多困難的事。由於比鄰而居的超高級大樓月租金超過百萬日圓以上的案例屢見不鮮，也因此讓這一區散發著奇妙的氛圍。雖然沒有浴室，但附近就有澡堂，對於像租下這間房間的年輕設計師來說，與其工作累得半死只為了支付昂貴的租金，住這裡要輕鬆快活多了。認真製作及販售自己覺得很棒的帽子或飾品，一邊學習日本舞蹈與長歌，生活零壓力的她爽朗大笑著告訴我：「我搬過好幾次家，還從來不曾住過有附廁所的房間呢」！

左：從外面看進來，正中央那棟陽台晾著毛巾的二樓房間，就是她的住處。照片上的正右方就是澡堂，實在太方便了。充滿庶民風情的一隅，很難想像這裡是廣尾。

右：房間全景。柔和的日照加上sense 獨樹一格的色彩搭配，充分展現出小套房的舒適感。

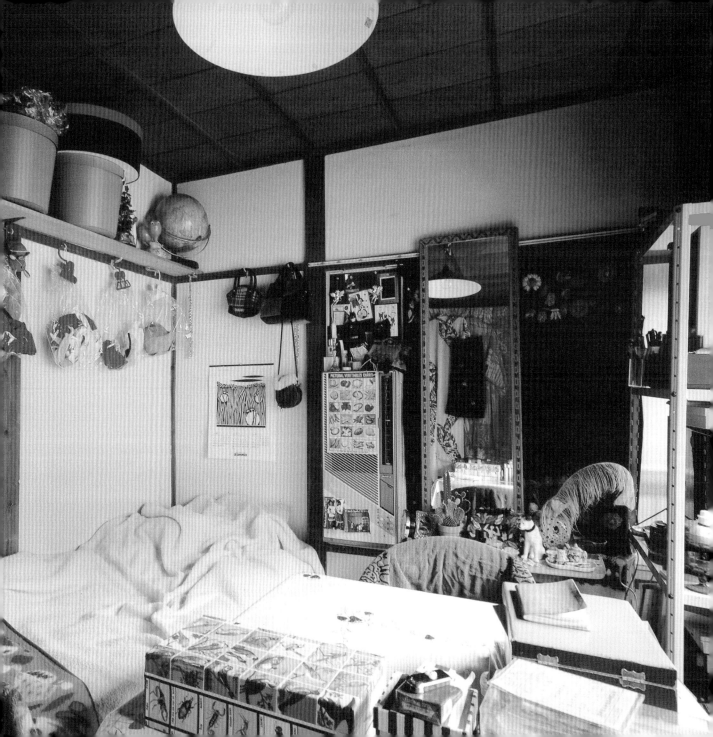

上：眾多裝飾品用塑膠袋分裝起來，一目了然，由此可知在狹窄的日式房子裡，門楣負有多重要的收納功能。

右：花錢購買之前，會先想一想能不能自己動手做。水仙盛開的花瓶是最近的得意作品。

上：很喜歡去二手店尋寶。圖案
有趣價格又便宜的衣服隨興地掛
在牆壁上，就是最好的裝飾品。
下：冰箱上面放滿了碗盤，對一
個獨居的人來說已經很足夠了。
主人會去明治屋買東西。

夾在床與電視機之間的是化妝桌。傳真機就擺放在腳邊，工作起來並不覺得不方便。電視只有接室內天線，因此沒辦法清楚收看最喜歡的《水戶黃門》，的確有點可惜。

七情六慾的溫床

雖然不是主流，但多少擁有一些死忠粉絲的漫畫藝術工作者的工作場所兼住家。身為漫畫家，同時也是韓國及日本奇怪歌謠的蒐集者，因此室內塞滿了各種漫畫資料及唱片、錄音帶，幾乎沒有地方可以立足。不像一般的暢銷漫畫家會請助理分工作業，他就一個人在這個房間裡單打獨鬥，絞盡腦汁孕育出作品。資料堆得無法再堆時多少會處理一下，因此房間裡到處可以見到一座座小山般的資料堆。

左：沙發也可當成床使用，旁邊的資料堆得像山一樣高，資料可能有所更換，但高度絕不會變低。

右：孕育出無數佳作的工作桌四周。實在找不出多餘空間，因此大多是在腳旁的小桌子上工作。

左上：電視機上是小東西的展示場。

右上：玄關。鞋櫃上的玻璃櫃收納的幾乎是韓國歌謠的錄音卡帶。

左下：這是個主人依其興趣收藏的珍貴唱片櫃，從靈魂樂到 B 級歌謠曲子都有。

右下：廚房只用來燒開水而已。

上：很少在天花板看到
延長線。

下：這是陽台，陽台上
有小鳥開心歌唱。

三張榻榻米大的搖滾交誼廳

喜愛音樂，在酒吧工作，租了一間只有三張榻榻米大的小房間一個人住的少女。狹窄的空間塞滿了最喜歡的衣服、飾品及錄音帶。古老的木造公寓裡沒有浴室，雖然廁所是大家共用，但住在同一層樓的房客們彼此都是好朋友。也有一群夥伴每個晚上都會在她上班的酒吧碰面，公寓裡簡直就像個小小王國，充滿了歡樂的氣氛。大家聚在最大的空間——廚房——吃吃喝喝，日照最棒的一間則充當日光浴場，像這樣善用既有的條件打造一個最宜人舒適的生活環境。

上：從入口就可以看見房屋的內部，日照當然是非常充足的，但窗前的雜物實在太多了。

右：大量的衣服就像這樣在床的上方一字排開，如此一來就不需要衣櫃了。

上：有個小小的流理台，把在二
手店裡找到的醫療用玻璃櫃子拿
來放碗盤。
下：入口，不過鞋子不是在這裡
脫，而是在整間屋子的入口處
脫，這是較傳統的方式。

各種喜歡的東西、物品、收藏
……像洪水般不斷吞噬床四周的
空間。化妝也好讀書也好，不論
做什麼都可以在床上完成，太開
心了。

鐵道旁的基地營

住這裡的房客是一位自由業攝影師，為了製作電視台的帶狀節目，每年有一半以上時間都待在國外。此外還會獨自深入非洲或亞洲，在當地雇用工作團隊進行為期兩個月、三個月攝影之旅。因此，位在東京的基地就盡量找個租金便宜、只要能睡覺的地方，於是租下了這間旁邊就是鐵路的老舊公寓的一間房。房間從來不上鎖，隨時都會有一、兩個友人待在這裡甚至過夜順便看家。其他還有搖滾樂手之類的租戶，即使大半夜音量全開聽音樂，也從來不曾遭到任何投訴。

上：衣服掛得像燈罩一樣很明顯。

左：蓋在鐵路旁的公寓。四周已經有新的建築物正在興建。

右：令人腦海不停泛出回憶的海報天花板，厚度有增無減。偶爾也會有圖釘脫落掉下來。

上：右邊是入口。左邊是一個小
的流理台，這表示流理台是在房
間之外，這個房間從來不上鎖的。
下：這個房間甚至曾經有三個大
男人同時暫住過。立刻就能鋪好
的制式被墊，不論多少朋友來住
都沒問題。

陽光膠囊

這個看起來很像膠囊房間，空間很小，棉被鋪著，再加一些行李就滿了，不過因為朝南，所以採光非常好，衣服曬著也很快就乾了。閒暇無事的朋友們常在白天造訪這裡，當作做日光浴。

房間本來就很小，右邊三分之一的空間又擺滿行李，再鋪上床墊就沒空間了，床墊的床尾就頂到入口了。

與家事脫鉤，之後

住在老舊木造房子一樓的女音樂家。堆積了大量與職業相關的 CD 及資料的情況已經相當傷腦筋，而本人討厭整理、不愛打掃、對下廚毫無興趣的個性更有如雪上加霜，一個人住並不會覺得擁擠的房間已經演變成無法收拾的慘狀。雖然房東禁止卻還是偷偷養了兩隻貓，沙發床也被貓爪抓得慘不忍睹。夜貓族的她對這些現況無所謂，倒是面對馬路的一樓公寓有陽光直曬這一點讓她極度不滿。

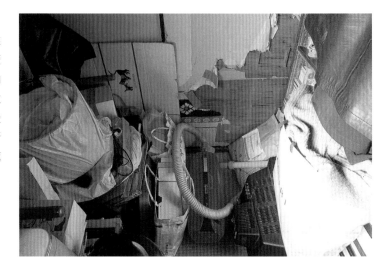

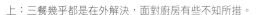

上：三餐幾乎都是在外解決，面對廚房有些不知所措。
右上：雜物堆積處。已經破爛不堪的壁櫥是貓咪們最棒的遊樂玩具。
下：雖然泡澡和廁所在同一間，不過很寬敞。
右頁：這裡可以稱為音響間嗎？即使是大白天，室內還是有點偏暗。前面的桌子是工作的地方。
P78：一到夜晚，就把沙發當床用，不過抱枕是給貓專用的。寫完稿子馬上就可躺下睡覺，非常方便。

THE FANCY FETISH

可愛是至寶

「日本男人是不是喜歡聲音幼嫩的少女更甚於成熟女性？」這是在日歐美人士一定會問的問題。對於絕大部分的日本人來說，少年少女時代是一座拚了老命也要留住的失樂園。才不會有人（像絕大部分的歐美人一般）急著想要蛻變成為大人呢。所以年紀不小了房間裡還擺著玩偶、以童稚的公仔娃娃為主角推出的商品也不乏成人問津，這些狀況一點兒也不會讓人覺得奇怪或訝異。「好可愛」這句讚美的話絕對會比「真優雅」受歡迎，這是所有來到這個國家的人們絕對要學的第一課。

我的家庭真可愛

因為太喜歡公仔商品、索性去這家公司上班的妻子，跟團旅遊時認識的先生，再加上小寶寶所組成的溫馨小家庭。一家三口住在老家的二樓，亦即是三代同堂，但除了吃飯時間，大部分時候都是三人一起待在這個房間。從家具到先生每天帶著去上班的便當盒，這種孜孜不倦地蒐集喜愛的公仔商品的精力與耐力，可不是一般人辦得到的呀。

鎮守著和室椅特等席的超大隻大眼蛙。有了迷你電風扇，夏天依然涼爽舒適。

左：已經塞不下收藏品的區域。
相片跟收藏品如此相稱與完美。
右：梳妝台上的大寶圖案不是貼
上去的，而是市面上真的有販售
這樣的家具。

上：從入口就可以看到整個房間。通風又日照明亮的房子。
下：入口處掛著的暖簾是摩托車旅行紀念物。

少女的國度

從位於郊外的父母老家，通車到市中心的室內裝飾擺設培訓學校上學的女孩的房間。「將喜歡的漫畫或書籍封面展示出來，看起來漂亮多了」，因此掛在牆上的櫃子裡，朝外展示著的不是書籍的背面，而是可愛的插畫或書籍封面。把可樂罐壓過之後排在一起，或者是將大量的玫瑰花瓣裝在玻璃瓶中，在各個小細節下工夫、營造一個更有趣的空間，是她最大的樂趣。

靠在窗邊的床，八角窗前一字排開的諸多收藏品，與午後的陽光相映成趣。

上：牆壁上的櫃子是父親做的，會隨著當時的心情改變書的擺放位置。

下：使用藤編的籃子，營造出自己喜愛的角落。

上：門口附近。牆柱上的空氣芳
香劑，特別讓人感覺到她的用
心。
下：把美麗的可樂罐壓得變形，
或者把玫瑰花瓣醃漬之後做成獨
一無二的作品。

彷彿午後寺廟般的安逸氣息

住在這間兩房帶廚房公寓的是一位時裝模特兒，生活空間舒適愉快。但是，自從兩位與男朋友分手的女性友人陸續搬進來住之後，便成了熱鬧的三人世界。空間的分配是廚房、一個房間充當看電視的地方，另外一個房間由兩人共用一張床，另外一個人則是在房間一角打地鋪。空間的使用雖然不再稱得上游刃有餘了，但這個房子的窗戶多，日照也好，住起來還不至於感覺擁擠。

左頁左：玄關。家裡住了三個女人，光是整理鞋子就相當傷腦筋了。

左頁右：可以在沙發上愜意講很久的電話。

左：視聽器材區及擺飾區。

下：沙發拉開鋪上毛毯之後就變身成為床。將洗衣機放在陽台是日式公寓約定俗成的做法。

右上：放在有日照窗邊的唯一一套餐桌椅。有時候大家會在這裡吃飯或者喝喝茶。

左上：臥室，床是大尺寸的雙人床。

右：日式浴室裡果然還是少不了浴室專用拖鞋。（應該是這樣說沒錯吧？）

藉整理得到快感

位於住宅區裡３ＤＫ的寬敞公寓，其中一個房間是工作室，其他是生活空間。主人是位積極忙碌的職業婦女，其工作是負責外國模特兒及演員的服裝搭配，不過她本人也承認自己超愛整理，她的房間不管什麼時候去，都非常乾淨整潔。廚房的抽屜裡，每個白塑膠袋都確實捲成一團並排著，非常令人佩服的景象。甚至可說包含臥室等私人空間，不管哪個房間的哪個抽屜，隨意打開都沒關係，她都整理得很整潔，一般的精品店可能都相形見絀。

左上：窗戶裝上柔軟的垂墜窗簾，當然是自己縫製的。

左下：請看整理得很整潔的抽屜，手帕和時鐘都收得非常整齊。

右：散發出成熟女性氛圍的臥室，不過也不能少了點綴的布偶。

這個廚房看起來像是為了拍攝特別整理過的，打開抽屜一看，會發現毛巾類當然排得很整齊，連白色塑膠袋都整理過。不過據本人所說的，最近因為覺得太麻煩，所以只是把塑膠袋捲成一圈而已，以前還會摺成三角形呢（抽屜深處可以看得到一些）。

右：從洗手台到浴室，從擺設中看得出其專業度。

左：堅持一切都要手工製作。就連桌上的檯燈、電鍋,也是把別人棄置不要的東西撿回來後重新上色製作而成。貼在浴室玻璃窗上的貼紙,圖案十分秀氣。

右：不論是編織的床罩、抱枕或椅子的布料,圖案看起來華麗,卻又散發著一股令人懷念的氣息。這些幾乎都是從紅十字會的義賣攤位買回來的。目前正積極練習手風琴,準備於賞花聚會時大顯身手。

拉克魯瓦風格

每星期只要撥一半時間去友人的店幫忙做些飾品即可,因此有大把時間可以去紅十字會的義賣攤位尋寶,或是四處搜尋喜歡的物件然後做出美麗的成品,就這樣完成了這間令人豔羨的房間。所有的東西都經過自己重新上色或稍微改造過,為它裝點上女孩的氣息,再放進房間。當事人說房間的基本色調「很有拉克魯瓦(Lacroix)的風格吧!」卻又隱約地散發著一股沉穩的大人氛圍。

房間就在一樓，因此窗簾大部分的時間
都是緊閉著。從家具到小飾品，日式與
西式風格奇妙地結合成一氣，絲毫不具
衝突感。

上：星條旗駕臨的客廳。

中：二樓臥室裡有結婚典禮上的
紀念蠟燭和打字機。

左：玄關（右側）位於勉強塞得
下一個人的小路的最裡面。

小巷裡的愛巢

屋主把一個房子分成前後兩間租出去，最裡面住的是
一對新婚夫妻，要到達玄關前得先穿越五、六十公分
的小路，搬家具時很難搬。因為夫妻倆都在工作，所
以盡可能製造出可以一家人一起相處的時間，看看電
視。先生喜歡專注於拼塑膠模型，這是他的興趣。

左：每個房間都有一扇窗。天氣好的時候可以在窗台曬棉被。流通的空氣讓人彷彿身在郊外似的，舒暢極了。

右上：朝外的大窗戶就這樣敞開著。即使不走玄關，從窗戶進出也很方便。

右下：在兩側牆壁間架起棒子，當作衣架用，紅色洋裝是在酒店打工時的制服，以前稍微試過但馬上辭職了。

房租一萬八千日圓的六張榻榻米分租長屋

住在學校附近找到的長屋式木造公寓的短大女學生。房間大約是六張榻榻米大，含衛浴的月租金是一萬八千日圓。女學生每天都騎腳踏車上學。身為小劇場的忠實粉絲，整片牆壁幾乎要被劇團的海報或照片淹沒了。打掃、整理對她來說是件苦差事，幸好學校的學妹每天都來幫忙打掃房間、做飯，真是幫了大忙。

上：電視上是個放滿紀念照片的
區域。
下：自己把流理台旁邊塗成黃
色，裝在柱子上的那個櫃子很特
別。

前頁：房間裡放滿演戲的道具，
從海報到錄音帶都有，其收藏
數量真的很多。因為廁所是共用
的，所以要自己帶衛生紙去。

甜蜜生活／舊市區風貌

在東京急速轉變為商業區之下，這是少數在舊市區保留下來
的老舊獨棟房子的二樓。房屋主人是在這裡土生土長的純粹
江戶人，他對於自己蒐集錄影帶、漫畫、布偶、偶像歌手等
的廣泛興趣自豪。現在他在附近的咖啡廳打工，他打算在那
裡開自己的同志吧。

二樓右邊是臥室，他盡量保持和
式風格。

上：二樓入口旁的區域，擺飾品全部都是朋友送的。

下：很努力收藏錄影帶，因為空間不夠，所以分成前後
兩排收。

右：很喜歡這種古代日本房子特有的建造方式，房間深
處的書櫃裡隱藏著龐大的收藏品：少女漫畫。

上：超喜歡那兩隻泰迪熊，把它們放在沙發旁。

下：為了能在最好的狀態下觀賞錄影帶，花大錢投資影視器材。

就是一定要可愛

喜愛布魯克·雪德絲與瑪麗蓮·夢露的東大女學生。獨自住在一房帶廚房的公寓，勤奮地上學、讀書。房間裡清一色偏夢幻的家具，全是來東京入學前就在老家找好運送過來的。看來的確很喜歡啊。

掀開玄關的簾子就是廚房，整理得乾乾淨淨。偶爾會自己下廚，因此餐具櫃裡有很多彼得兔之類圖案可愛的餐具。單人用的烘碗機也可充當收納容器，十分方便。

右頁：房間裡擺了書桌與床。日照還不錯。天花板的燈光開關上綁著一隻玩偶，既有裝飾效果又兼具功能性（只要拉拉繩子就能開關電燈，真輕鬆）。電視機下方的胡麻斑海豹玩偶也相當引人注目。

上：床邊掛著布魯克・雪德絲的睡衣衣架。

下：光看椅子的靠墊也可知主人對品味很講究。

典型的公寓式套房衛浴設備。空間不大但還是堅持要準備浴室拖鞋，擇善固執的個性不言而喻。

上：看起來像是仙人掌盆栽的東西其實是個小置物籃。仙人掌的部分是蓋子。

下：漂亮的玻璃裝置藝術櫃的裡面外面都擺滿收藏品，床邊的間接燈光讓整個房間更有氣氛。

裝飾藝術與江戶的邂逅

寬廣舒適的單人房居住空間。雖然從事的是印度及東南亞地區的商品買賣，因為喜歡裝飾藝術與人偶，房間裡整齊地擺放了許多很喜歡的收藏品。其中最引人注目的浮世繪圖案毛毯原本屬於母親，回老家時看到於是向母親要來的。與裝飾藝術看似衝突卻意外搭配而深得屋主的歡心。

雖然是單人房，由於格局方正，
感覺空間寬敞，完全沒有窘迫感。
傾瀉於浮世繪毛毯上的陽光，別
有一股香豔的情調。

可愛的小東西最療癒

每天工作忙碌、經常出差的時尚採訪記者，幾年前買下了這間有雙房的寬敞屋子，改建成居家舒適的空間後就一直住到現在。很喜歡下廚，也經常招待友人來家裡聚餐，不過房子裡沒有擺放餐桌，而是大家圍坐在地板上用餐。家裡看得到不少玩偶之類與職業婦女沾不上關係的可愛小東西，但當事人自己辯稱全都是朋友送的，捨不得丟就留下來了。

上：餐廳兼廚房的房間靠近電車鐵軌，因此裝了雙層玻璃窗。餐桌實在太占空間，於是便省略不放了。

下：東西一應俱全、感覺主人應該很愛做菜的廚房。長條的吧檯桌不論做料理或用餐都很方便。

右：不局限空間的趣味藏書豐富。還有長年蒐集的香水瓶。

上：日曆上的別針、玄關內環繞的植物，藏著一種說不上的可愛趣味。

右：床頭放著超大的打字機、電話答錄機及布娃娃。擺放鏡子的位置也很特別。

左上：窗戶的採光非常好。窗簾盒上站滿了各種小飾品。

左下：床邊，牆壁上的每個藝術作品都是用芭蕾舞衣加以改造而成的。

下：櫃子上混合了日本及西洋的各種收藏品。想到就調整位置或更換幾個收藏品也是一大樂趣。

右：從臥室往門口的地方眺望。雖然是個室，房間卻非常大，不至於一眼就看到玄關處。

讓人喘一口氣的後台休息室

雖然是只有一房的公寓，由於是邊間，窗戶非常多，採光十分明亮。從玄關走進來之後有個恰到好處的彎折，剛好拿來擺放大型冰箱及調理器具。愛跳也愛看芭蕾舞的超級舞迷，房間裡處處可見與芭蕾舞相關的裝飾。獨居的單身女子家中竟然出現供佛桌，十分罕見。

左：玄關進來的地方。大冰箱有效遮住裡面。

下：冰箱旁的窗際一角，整理得非常乾淨，因為非常喜歡做菜，天天都自己下廚。

右頁：上面是冷凍庫，蔬菜類都放在下面。

回到孩提時候

屋主在市中心的百貨公司上班。託隔週休三天的制度之福,可以盡情享受滑雪、逛街與旅行,過著精力充沛的單身生活。最喜歡的角色是史奴比,每年都會蒐集相關的周邊商品。她在郊區的車站附近找到這間一班電車直達上班地點的房子,通車方便極了。車站前的小鋼珠店,晚上的霓虹燈光將夜色妝點得五光十色,與房間裡的裝飾卻又顯得相當協調。天晴的時候,從窗戶就能眺望得到富士山,令人神清氣爽。

左上:不論是收音機或電視機上,能放玩偶的空間絕不放過。
左下:照片中間成對的野狗二等兵可是會隨著音樂起舞的寶物。
右:整間客廳簡直可以媲美公仔玩偶商品的展示間。史奴比、迪士尼,從三麗鷗到野狗二等兵都有,蒐集的對象十分廣泛。超大張的史奴比海報是壓箱之寶。

123

上：進入玄關，驚訝於一個人住
竟然可以有那麼多傘。
右：就算是煞風景的廁所也都做
了裝飾。

幾乎要爆滿出來了的鞋櫃上方。

灑滿陽光的明亮寢室。睡過頭的話也很悠哉，但從床頭的鬧鐘可以看出屋主過著非常嚴謹的上班族生活。

塞不進衣櫃裡的衣服們。吊掛用
的晾衣架非要不可。

上：好整齊的廚房。隔熱手套頓時讓廚房變得可愛許多。
下：走進玄關立即映入眼簾的是廚房。流理台旁有空出洗滌並晾乾餐具的空間。

第一次一個人住，很節儉不過很有趣

一個在精品店上班的女生再怎麼樣就是想一個人
住，所以在老家附近租了一間套房，雖然採光不是
很好，不過她下班回家也都很晚了，而且附浴室廁
所的套房一個月才五萬多日幣，已經沒得挑剔了。
休假日她就去購物，會逛很多家店，在百元商店買
些便宜的東西回家裝飾，是她的樂趣。

上：一剛開始只是隨意貼些照片
在牆壁上，從電影傳單到紀念照
片，只要是她喜歡的就貼起來，
現在已經快貼滿整面牆壁了。

右：盡量不放家具，想維持清爽
的居家空間。在照片右前方那區
約三個衣架大小的空間裡，放滿
了衣服。

上：工作用的雜誌整齊排列，
潔淨柔和。
下：熱中小物件的蒐集，一不
小心就增加了許多。

ARTSY PADS

在工作室打地鋪

一說到藝術家們的房間，大概全世界的人
都會立刻聯想到「髒兮兮」吧？但是我認
為以前或許並非如此。根據留存的紀錄，
不論是西洋畫的畫家或雕刻家，他們的工
作室既整潔又乾淨得令人無法置信，而且
他們也實際在這裡頭進行各種作業。所以，
大家所謂的髒亂，應該是指這些畫家或雕
刻家尚且還是職人身分時的工作環境吧。
一名優秀的職人，他的工作場所理應不至
於亂七八糟才是。也許是他們從職人身分
轉變成為藝術家之際，作業的環境也跟著
產生了巨大的變化吧。因為還沒成為最優
秀的職人，因為一心一意朝著成為追求美
的冒險者而努力，當下的工作環境也如實
反映了他們在此奮戰的最真實景象。散落
一地的繪畫工具、四處沾染的顏料，或者是
塞滿了失敗稿件紙屑的沙發，即便在我們的
時代，這樣的景象也不會令人感覺不快。

工作室裡的二十四小時

這棟父母所居住、位於住宅區的獨棟樓房，在二樓另外設了一個出入口作為獨立的居住空間。製作飾品拿到服裝店寄賣，或為時裝及廣告的拍攝工作製作小道具，由於從事的是這一類的專業工作，這裡於是成了工作室兼住所。一邊看電視一邊動手做，或者吃吃東西轉換心情，累了就躺下來睡覺。除了購買材料或打網球，平常幾乎很少外出，平日的生活只要這個空間就足夠使用了。房間裡的家具，從收納工具到睡床全都是自己動手做，精緻完美的收邊完全看不出是手作的成品，非常厲害。

下：擺放在窗邊的各種自製作品。從中可以看出屋主的工作內容十分多元。

右：工作室的牆面井然有序地吊掛著各種工具。從金屬到 FRP，素材種類非常多，工具也五花八門，卻一點也不顯得凌亂。

上：把正中央的牆壁打掉，整個
房間頓時顯得開闊。前方擺放的
是黑猩猩頭蓋骨複製品之類的擺
飾。

右：工作室一角。目前正在嘗試
以乾燥的匏瓜材質製作作品。

最右：一邊看電視一邊作業的工
作區。

上：站在入口處（有窗戶的一側）眺望整間工作室。可以明顯感受到屋主對於空間整理收納的熱情。

左：製作飾品的細小零件非常多，因此在收納管理特別下了一番工夫。

上：這看起來像是每天都自己下廚的廚房。

下：沒有門的開放臥室。

右：玄關，因噴槍作業留下的油漆有超乎預料的效果。

上：床邊採光很好，床當然是自
己做的。
左：從臥室看出去的廚房。

男人，女人，帽子與兔子

木造公寓的二樓、空間還算寬敞的兩房兩廳，月租金只要八萬日圓，非常便宜。住在這裡的是一對年輕的雙薪夫妻，先生是工業設計師，一早就去公司上班，身為帽子設計師的妻子則是夜貓族，大部分的時間都在家裡工作。客廳裡盤踞著一台大電視機，利用定時器設定一早打開，整天開著一直到晚上才關起來。夫妻倆幾乎都是外食，因此家裡沒有餐桌，要在家吃飯的話就利用客廳的矮桌解決。家中養了兩隻兔子，大大的金屬籠子就擺在屋裡，不知情的來訪者常因此獲得一個小驚喜。

左上：日式廁所的正前方，擺放著友人專為婚禮訂做的禮服鞋當裝飾品。

右上：鞋櫃上的擺飾空間。

右：淹沒於塑膠水果擺飾裡的金錢怪與孔雀魚水族箱，形成了有趣的對比。

上：客廳兼飯廳。不論是看電視
或吃飯，全都在這裡解決。
下：兔子窩就放在客廳的窗邊。
窗外是晾衣服的地方。

上：從玄關到廚房的景象。
下：微波爐下面是食物區。

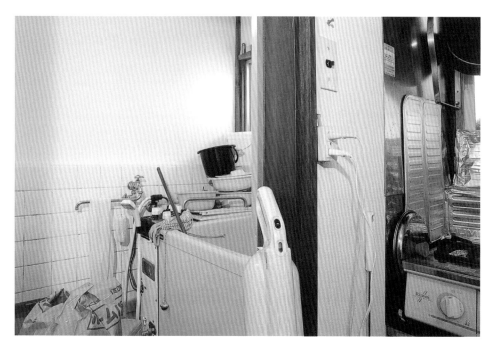

上：因為不大喜歡洗澡，所以把浴室當作垃圾場使用。

下：裡面那間房間放滿了工作上使用的工具，這裡保持和式房間的樣子。

右：位在最內側、塞滿了工作用具的房間。為了帽子展示會特別做的立架，就直接擺在家裡使用。以不同材質製成的帽子全都混在一起了，整理起來想必很傷腦筋。

手工藝工作者的膠囊旅館

畢業自時裝專科學校，卻因為不想當上班族，曾經拜師
皮革工匠學習，之後在自己房間裡擺了縫紉機，一邊接
朋友的案子為生，過著一個人的獨居生活。房間是三張
榻榻米大的單人房，裡頭卻擺了三台縫紉機，晚上只能
在夾縫中鋪睡袋睡覺。不過環境還是（一定要）整理得
乾淨整齊，空間雖然不大，看起來卻井然有序。對做菜
頗有自信，非常自豪能夠靠著小小的流理台輕鬆做出全
套的義大利菜。

左頁左：工作要用到許多小工具，再多的收納空間也不夠。
左頁右：功能發揮到最大極限的壁櫥。白天時將睡袋收在下層，就不會有任何不便了。

上：堆成一座堡壘似的工作區域。
下：很喜歡老舊的東西，舊式電話機也被拿來當成擺飾。

上：隔壁鄰居也是老舊的木造房屋。曬衣服的陽台有扶手，能夠眺望遠處，感覺十分愉快。完全無法想像會出現在廣尾地區的庶民風景。

左下：衣服非常多。要保持整潔，經常洗、摺疊整齊是最好的方法。

右下：這小小的流理台可以做很多事。

求生，以時尚的姿態

由於是舊式公寓，隔間開闊舒適，尤其是寬敞的浴室，是
這個房子最棒的地方。雖然位於市中心，由於周遭沒有高
聳的建築物阻擋，採光非常好。時裝模特兒、表演工作者、
藝術家及畫家等等，都曾經是這個房子的主人。由於這些
人的收入不是非常好，家具之類非要不可的物品不是去外
面撿回來，就是跟別人要來的，例如目前所使用的床。床
墊底下的床架，是以從酒商那兒 A 來的酒瓶空箱排列整齊
所構成。

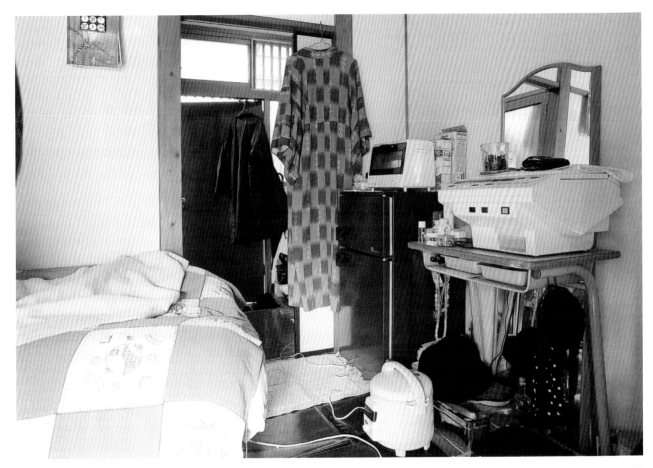

左頁上：坐北朝南、整天都有充足日
照的好房間。刻意盡量減少家具的數
量。
左頁下：壁櫥是個收納空間。

上：面向玄關。學校的課桌椅最適合
拿來放重物。另外把啤酒箱子排起
來，鋪上毯子，就成了床。
下：放電視的是中國製可摺疊椅。

右頁：浴室與廁所雖然在一起，
由於空間寬敞，使用起來非常舒
適。

150

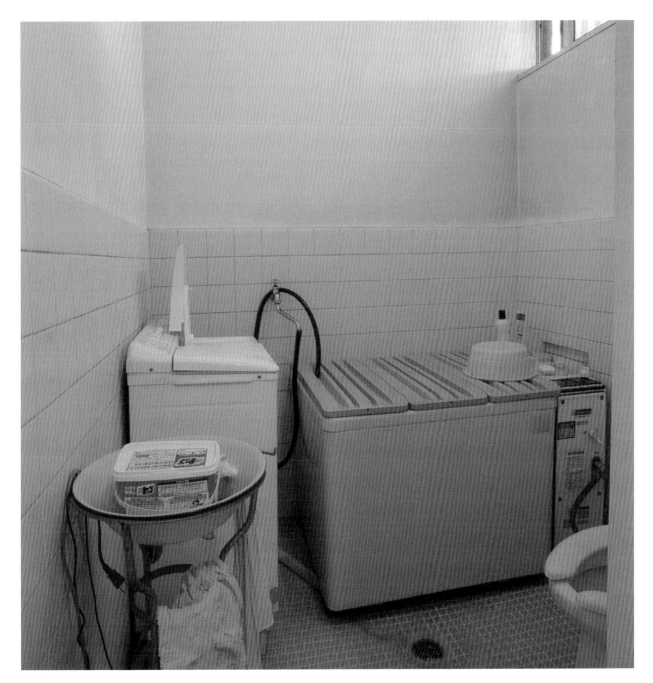

陋屋的第二春

住在這裡的是一位藝術家。他在就讀美術大學時期找到這間老舊的獨棟房子，畢業之後依然繼續住在這裡，將房子當工作室使用。這裡離市中心非常遠，房子的狀況也相當糟糕，但房租實在太便宜，加上不需要經常出門，住起來還算滿意。原本的打算是一樓為廚房與工作室，二樓是臥室。但是廚房已經被製作銅版畫的藥品搞得慘不忍睹，二樓的房間也堆滿了作品及繪畫工具，完全無法使用，睡覺時只能在狹窄的樓梯間鋪上棉被打地鋪。房子的後方是一塊空地，日照充足，天氣晴朗的午後，可以充分享受好幾個小時的美好日光浴。

下：房子的外觀。真的是非常破舊，不過後面是一塊空地，整體開放感十足。放在屋子外的洗衣機是重點。

右：吊掛雨傘的地方就是入口。左邊牆壁的後方，有個通往二樓的陡斜樓梯。

上：二樓的景觀。樓梯間變成打地鋪睡覺的地方，但因為就在窗戶旁邊，冬天時冷風會從縫隙間竄進來，實在傷腦筋。

下：這裡原本是臥房。沾染各種顏料的榻榻米看起來真是淒慘。

右：現在就在木質地板上鋪上床墊睡覺，因為是在窗邊，冬天強風會從窗戶灌進來，是需要克服的難題。

一樓的工作室完全沒有可立足的空間了。窗戶的另一邊就是空地，因此採光非常好。不過，身處在這一片雜亂之中，冬天工作時暖爐全開，感覺滿危險的。

幼稚園是工作室

主人是位雕刻家，同時也從事櫥窗陳列，所以在找寬廣的地方時，發現幼稚園裡的某個房間是空著的，遂跟幼稚園借來當工作室，是很少見的例子。這裡基本上是工作場所，不過因為常工作到很晚，所以也常在這裡過夜，實際上住在這個房間的時間還比較多。幼稚園在沒課的時候非常安靜，很舒適，不過比較困擾的是廁所的馬桶幾乎都是給小孩用的尺寸。

上：幼稚園的外觀，工作室在二樓。
右：在這個窗邊小睡，感覺可以睡得很舒服。

上：發揮所長，把衣櫃裝飾得很漂亮。

左：工作室全景，幼稚園的小朋友和貓會從逃生梯進來這裡遊玩。

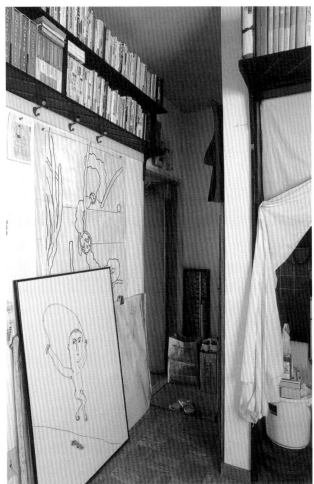

藏書重壓

曾經是每天忙得團團轉的插畫設計師，因為想繼續畫圖，於是辭掉工作，租了只有一間房間的小公寓，展開夜以繼日的製作生涯。雖然沒有浴室，但附近有許多可以喝酒的地方，友人也住在附近，當事人覺得還不錯。由於職業是設計師，藏書量非常大，但房間裡卻沒有能夠收納書籍的地方。於是自己動手做書架，沿著牆壁一路延伸到廁所，能夠塞的空間全都塞滿了，如今已經是飽和狀態，有些地方甚至已經被書的重量壓得搖搖欲墜，感覺相當危險。

左頁左：入口附近。打了底稿的畫紙就靠在牆邊晾乾。右邊變成了放置工具的場地兼廚房。

左頁右：廁所圖書館。有這麼多的書相伴，蹲得再久也不會覺得無聊。

房間全景。從牆壁到床底下的空間，全都拿來放東西。

161

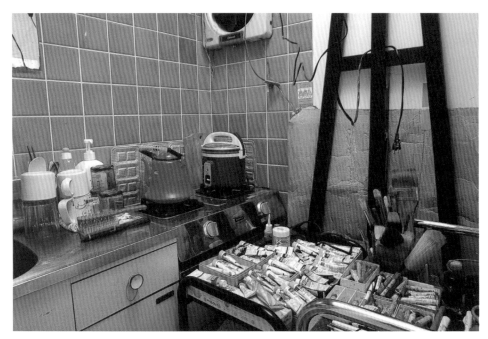

上：廚房兼工具儲藏室。

下：電器用品幾乎都是撿來或是
別人給的。

房間是風格的具體表現

將廢棄物重新組合成立體作品的藝術家的工作室兼住家。
空間原本就很拮据，後來又開始利用彩色影印機進行創
作，加上龐大的彩色影印機及紙山，這裡連個能夠轉身的
空間都沒有了。陽台變成了垃圾場，門已經幾乎要打不
開。由於工作時間大多在晚上，百葉窗平常都是關著。寬
敞的浴室是唯一的救贖。

上：十分壯觀的工作環境。床就
放在最裡面。正前方有一台巨大
的彩色影印機。

採光雖然好，但平常工作時百葉
窗都是關著的。窗外的陽台被拿
來放置大型垃圾。

上：看看入口處。只勉強容得下
一名大人通行。

右：為了不在工作時把衣服弄
髒，衣架上都蓋上保護套。

上：裝了大窗戶、感覺舒適的浴室。觀葉植物也長得非常好。
下：廚房。非常小但對一個外食者而言已經非常大了。

在暗房裡形塑夢想

剛開始搬出來一個人住的年輕攝影師，這裡是他的住家
兼暗房。工作時會將窗簾拉上，在這個只有一間房的屋
子裡進行放大影像的工作。就房間的大小來說似乎有點
過大的沙發椅，是攝影時跟人家要來的。白天是沙發椅，
晚上則變身成為臥床，方便極了。

鋪設了木頭地板、只有一間房間
的屋子。雖然在一樓，但因位處
於住宅區，環境相當安靜。「反
正接的案量不多，很多時候都是
閒著。」完成的作品就放置在電
視機上。

上：從裡面眺望玄關處。右邊是
衛浴間。鞋子沒有放在鞋櫃，在
玄關處脫下來之後擺放整齊，這
樣外出要穿鞋也很方便。
下：占據了房間絕大部分空間的
光澤布料沙發。碩大的身形，即
便是大個兒也能輕鬆舒適地躺在
上面睡覺。

掛著抽風機的風格玄關。

不收鞋。脫下來就排在玄關，外出很方便。

THE TRADITIONAL TOUCH

和風就是物美價廉

尋找租金便宜的房子，首先要考慮的不是地點或環境，而是建築物的種類。對於建築物，日本有個奇妙的分類原則。兩層樓以上的集合住宅，鋼筋水泥的建築物稱為大樓，木造建築物稱為公寓。租金便宜的當然是木造公寓。木造公寓的內部大多是結構簡單的傳統日式構造。有一到兩間榻榻米房間，有紙拉門、壁櫥，如果還附帶小小的浴室及廁所，那就更好了。想要簡簡單單過生活，日式結構的空間其實是既方便又好用。和室房間可以當客廳或飯廳使用，而且鋪上棉被就變成了臥室。拉門的門框、柱與柱之間的橫板還可以充當置物架或掛衣架使用。唯有和室結構，才能讓人享受不需要家具依舊舒適自在的生活。

天晴的時候都在工地

成為音樂家是他的夢想，但畢竟還未成名，因此這位勤勞的青年除了下雨天，必須去工地工作賺取生活費。這間距離車站走路約二十分鐘的木造公寓裡有衛浴設備，加上兩個房間，月租金大約是四萬日圓，非常便宜。在東京，只要認真找，還是找得到這種物件。家具都是走在路上的時候順便撿回來的。掛在窗框上的 T 恤及牛仔褲是非常重要的工作服。

房間雖然老舊，卻是個隔間寬敞的和室。稍微破損的拉門非常有味道。

功能性勝於裝飾性

住在新宿超高層大樓區域旁老舊建築物內的年輕夫妻。
先生是從事雜誌編輯工作的日本人，太太是普通上班族
的荷蘭人。房間位於三樓，一樓是披薩店，二樓是大門
左右兩側都裝設了監視器的黑道辦公室，整個環境十足
的新宿風格。夫妻倆平常都很忙碌，假日大多是跪坐在
榻榻米上把玩 DJ 器材，或是將浴室當暗房沖洗相片，平
靜地度過週末時光。

左：角落裡書架上的簡樸裝飾。
右：剛搬進去住沒多久，不希望
額外添加太多東西。夫妻倆對於
室內裝潢這件事完全沒興趣。

上：面向窗邊的 DJ 台。

下：書架上擺滿了哲學類的學術性書籍。

右：整體空間毫無裝飾，卻奇妙地散發著一股閒適的氛圍。

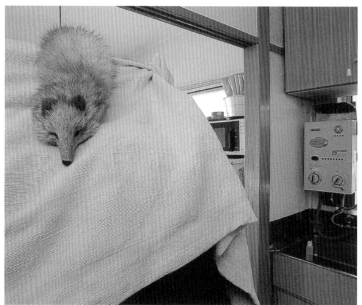

就是喜歡矮桌子營造的復古氣氛

一個人獨自住在屋齡超過二十年、已屆年限的大樓。只有一間房間加上廚房,雖然老舊但隔間寬敞,沒有壓迫感。面朝南方的大窗戶帶來一股明亮開放的氣息。窗框是如今已經十分罕見的鐵框而非鋁框。從古意盎然的和風家具及擺設,一點兒也看不出住在這裡的是一位在時髦的精品店工作的女性。這些家具都是她假日去二手店挖寶找到的。腦海中不禁浮現冬日夜晚她在矮桌邊就著熱鍋、大口吸著烏龍麵的畫面。

上:簡簡單單卻非常實用的廚房。

右上:衣服多到要爆炸的掛衣架披上了一塊布,既可防塵又能遮醜。

右下:放在兒童椅上的電話。

右頁:老舊的牆壁雖然有些部分的油漆剝落了,但整個浴室卻給人一種安心沉穩的感覺。

左：鐵窗框加上毛玻璃太令人振奮了。不過因為生鏽，開關窗時得使點力氣。

右上：擺放著與圓凳及矮桌、充滿昭和三〇年代氛圍的一隅。老房子無須矯情的裝飾，就能住得舒適。

右下：面向著入口及廚房。最裡面的地方是浴室。塑膠袋裝著的是給客人使用的棉被。

走進玄關，映入眼簾的是一大堆
鞋子。在每雙皮鞋裡放入撐鞋
架，非常小心地呵護著。

陽光下的針線活

在高級精品時裝店工作的年輕人。上班之餘也經營個人
事業，放著縫紉機的公寓壁櫥就是他的工作間。因為就
在窗戶旁，天氣晴朗的週末在這個環境工作，會覺得心
情特別好。因為不喜歡水泥的觸感，於是看中了位在住
宅區裡的這間木造公寓。對面鄰居剛好有個寬闊的庭院，
因此不會覺得自己的房間太狹隘而有窒息感，這點也是
最吸引他的地方。

上：就在窗戶旁的縫紉工作區。
充分善用壁櫥的空間。外面陽台
有個洗衣機。

下：經常自己下廚，廚房雖然不
大但已經很夠用。掛在牆上的鯊
魚是別人送的隔熱手套。

上：整疊的雜誌容易看起來凌亂，一本一本仔細立好，上面再疊放一塊木板。

下：放小物件的抽屜。桌上每天都會更換供奉的水。

上：自廚房望向陽台。由於是邊間，採光非常好。

左：從窗戶看出去，可以分享鄰居綠意盎然的庭院美景。

繁忙工作的喘息空間

這個房間的主人在現代美術專業畫廊工作，從展覽會的企劃案到
與藝術家們的交涉全都一手包辦，是位工作行程滿檔的策展人。
因為時差的關係，不論深夜或一大清早都會有人打電話來，所以
家裡也擺了傳真機。目前與還在專科學校念書的妹妹一起住，姊
姊睡在床上，妹妹就在旁邊打地鋪。實在無法再分出一個房間給
妹妹當書房，於是在餐桌上擺了一台電腦充當書桌使用。由於經
常要出差，一年來往東京及海外就要十幾次，因此身邊的私人物
品都盡量選用日式風格。

左上：姊妹倆的床頭。每天早上都會把棉被摺疊整齊。

左下：寢室裡的壁櫥已經塞滿了。

右：站在廚房朝寢室看。隨機放置的和風小裝飾效果很好。

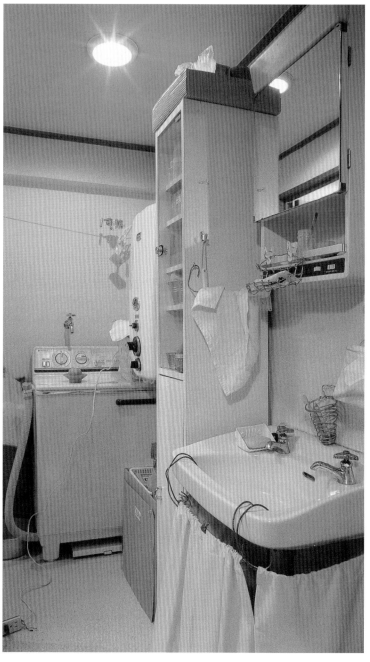

上：衣櫃兼書房用的房間。一大
早急急忙忙地化妝，也是在這裡
進行。

右：用水的空間。浴室及廁所並
列於右側。以金屬線製作的牙刷
架及拉簾軌道非常有趣。

上：身兼多重功能的餐桌。

右：玄關處，希望能有更大的空間展示作品，但已沒有空間了。

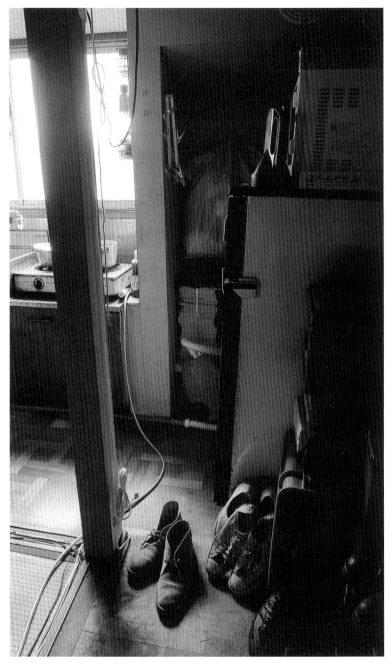

上：廚房兼洗臉台的功能。
右：玄關的結構十分奇妙。在
柱子前面脫鞋，左側是房間。

夢想在夜晚開啟

房間的主人是撰寫成人漫畫與電視節目相關文章為生的
作家。由於工作的關係必須經常看電視，為了避免忘記，
乾脆把電視台的節目表攤開放在樂譜架。此外還必須隨
時注意電腦通訊軟體，生活幾乎可以說是日夜顛倒。雖
然日照的好壞對他來說不是那麼重要，但隔壁就有一座
開闊的公園可以散散步轉換心情，環境可以說是相當理
想。

右：因為工作的關係必須搜集大量的資料，收納工作相當辛苦。裡面右邊是廁所。

最裡面的房間是臥室。整齊排列
的錄音帶像一座雄偉山脈。毫無
矯飾的舒適氣氛。

上：擺放著工作桌。

下：樂譜架上放的是電視節目表，很多地方打了紅色記號。

基本原則是：沒有的東西就自己動手做

兩名女子就借住在這個小小鐵工廠的二樓一起生活。其中一人在建築業公司上班，另一位目前失業中。為了配合工廠的地形，房間格局大多呈現不規則形狀，但這裡的全部三個房間，占地五十平方公尺以上，有七張榻榻米大的陽台加上兩間廁所，房租只要十萬六千日圓，實在非常優惠。臥室裡有上下鋪可供兩人使用，旁邊還有供客人使用的床鋪，設備齊全。雖然沒有浴室有點不方便，不過將賣浴缸的店家不要的塑膠浴缸撿回來擺在磁磚地板上，再加上個熱水器，就成了自家用的浴室了。真是了不起。

上：特別設計的泡澡堂。是原來放洗衣機的地方改造的。

右上：廚房。器具設備齊全。

右下：好大的曬衣場。除了晾衣物，夏日的傍晚則搖身一變成為最棒的納涼場地。

右頁：地板磁磚、正面及底部的採光、架上的裝飾，感覺在這裡待上一陣子也沒問題的廁所。

上：床枕邊。兩層床的下方。
下：約十張榻榻米的起居室，右
邊是兩張半左右的壁櫥，兩個女
生住得樂洋洋。

上：有著上下鋪的房間。旁邊還加了一張客用的床鋪，設想周全。

右：走進玄關迎面而來的是六張榻榻米大的「讀書室」。壁櫃的天花板有個上了色的天窗，夕陽西下時室內也同時綻放著妖豔的氣氛。

昭和三〇年代的流行樣式

這是工作能力很強的單身職業婦女的生活空間，她在貿易公司裡擔任和時尚有關的貿易業務。她一年當中有一半時間以上是住在巴黎或米蘭，不過很愛貓的她養了兩隻貓，在東京就只能住在獨棟的房子裡，所以她就租了某位歐洲朋友長期住過的一間位於住宅區裡的舊房子，房子設計充滿以前的流行風貌，連細節都很講究，現在很難看得到這樣的設計。她每次出差都會買些小東西或布料回來，慢慢地讓房間變漂亮，這樣的樂趣是無可取代的。

左：外觀看起來就是以前的住宅區樣式，庭院雖小卻充滿綠意。屋子前幾乎沒有車子通過，總是很安靜，對貓來說也很安全。
右上：面對庭院那側是一整面的落地窗，採光一級棒。
右下：充滿親密感的飯廳。

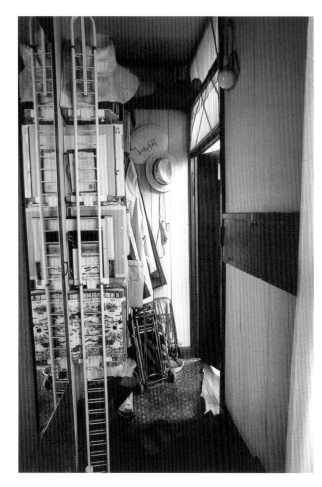

上：玄關，很堅固的行李箱訴説
著主人習慣旅行。
右：看過去右邊是廁所，左邊是
浴室，貼著磁磚的古早風情的洗
手台現在很少見了。

左：從廚房旁門（現在也很少見）看過去的廚房，因為主人喜歡做菜，這間廚房看起來設備很完善。

下：這間浴室讓人懷念起古早的浴室。

臥室。床上鋪了厚重布料的床罩，窗簾後面是衣櫃，排滿衣服。

MONOMANIACS

為物而瘋狂

monomaniacs 的意思是「戀物癖」。日文的「mono」這個字恰巧也表示物品或事物，實在太有默契了。一旦迷上了某種東西就失心瘋似的拚命蒐集，房間當然也就因此塞爆了。牆壁能塞，地板能塞，天花板也能塞，居住空間從直線慢慢演變成和緩的不規則弧線。這個專屬個人的小小世界，與嗜好或興趣同步蛻變成至高無上的奢華空間，成為最迷人舒適的居住環境。溢滿大量物品的空間，與專業收藏者的房間有著極微妙的溫差。這個微妙的溫差——從乍見之下無能為力的雜亂之中釋放出的熱度——也許就是居住者那股純粹的熱情吧。

豐饒的斗室

這個木造公寓裡的三張榻榻米大單人房，住的是一位正在實習做個 DJ 的少年。公寓裡既沒有廁所也沒有浴室，但一來房子位於工作機會較多、走路就可到家的新宿地區，二來房租只要兩萬七千日圓，還是非常吸引人。從挑選唱片、製作錄音帶到練習樂器，都是在這個房間裡進行。房間裡幾乎沒有收納的空間，所有的東西全都利用牆壁、天花板及地板展示出來，讓空間效能發揮到淋漓盡致。由於生活作息時間與平常人恰恰相反，身上沒有電話只有傳呼機，一旦有人傳呼，就到附近的公共電話回電，不想出門的話就不去管它。這種做法比申請電話還省錢呢。

左：沒有門牌號碼。雖然無法取得戶籍，但相對也不需要繳交居民稅。

右：約三張榻榻米大、最裡面附有一個小型流理台的房間。數量多到驚人的展示品已經超出裝飾的範疇了。

上：所剩無幾的地板空間。照片
左上方是入口，右邊就是床鋪。
右：壁櫥是貴重的收納空間。

位於窗邊的床頭景象。

上：可以看見吊掛著燈泡的流理
台。

下：入口處的牆面。

右：要跨過行李箱的玄關。

上：房子的左邊裡頭是放衣服的
地方，超多東西。
P210：從窗外窺視房間全貌。
對面右側是入口。

從大條道路轉進小巷往前走，才
能走到家裡。泥土的觸感很好，
這一帶郊外住宅綠意盎然。

此生最大的願望是蒐集

音樂評論家的住家兼工作室。因為喜歡貓而養了許多貓，
沒辦法住大樓，於是轉而至郊外找到這間租金低廉的獨
棟老房子。貓咪們每天都開開心心地出門遊玩，因此家
裡榻榻米上到處都可見到回家的貓咪們留下的腳印。一
天一天增加的唱片及 CD 已經多到無法整理了，工作室
的地板更是因為重壓而傾斜下陷到相當危險的程度。

收藏室兼書房。

每個月不斷長高的唱片、CD、
雜誌山。再繼續增高，恐怕就要
山崩了。

收藏室隔壁的客廳一角。貓咪們可以從窗戶對面的走廊自由進出。

前線基地般的套房

這是間年輕設計師住的套房公寓，就像間倉庫般，美軍相關的大量物品、舞蹈・音樂劇的影帶及雜誌堆得像小山一樣，幾乎占據了整個房間。雖有個小小的流理台，不過只放著一個用來沖即溶咖啡的水壺，散發出一股前線野營基地的氛圍。

左上：把電視、錄影機、立體音響集中在這面牆壁上。

左下：從裡面往入口處看出去的景象。

右：幾乎是房間的全景，窗外有個小小的陽台。

左上：利用柱子當書架。為了避免忘記，小紙條或剪報也貼在牆上。

左下：長沙發邊的電話區。

右：客廳。很明顯可以看出連沙發底下都成了收納區。窗外寬敞陽台是置物區。

歌舞伎演員，相撲力士及摻水威士忌

在時尚圈打滾了二十年以上、目前依舊是圈內人的造型師，這裡是他一個人的住家。位於新宿這個絕佳地段的大樓裡，寬敞的兩間房間加上陽台，住起來十分舒適。不過，由於二十年來只搬過一次家，每個房間幾乎都塞滿了衣服及飾品。雖然也買了組合式整理櫃擺在陽台，但一下子就又裝滿了。身為歌舞伎及相撲迷，最喜歡待在被錄影帶、雜誌小山環繞的空間裡，手拿一杯摻水威士忌度過漫漫長夜。

上：年代久遠的電視和立體音
響，主人正在考慮是不是要買新
的，才能看相撲看得很清楚。
右：臥室的衣櫃。相撲力士的燈
籠很引人注目。

上：飯廳的餐具櫃。櫃子後方是廚房。兩邊都可以拿取餐具，非常方便。

左：桌子底下一下子就被報章雜誌塞滿了。但因為吃吃喝喝時順手就能拿上來看，實在太方便而捨不得丟。

左：玄關旁疊著收藏的帽子。

左下：窗邊的陳列區。

右：走進浴室，迎面而來的是一座隨時可能崩落洗臉台的彩妝小山。掛在牆上的可愛毛巾架也很引人注目。

生活是一場遊戲

女性漫畫家的工作室兼住家。與男性友人一起分租這間寬敞的兩房兩廳加廚房的大樓公寓。兩人各使用一個房間，加上彼此嗜好相仿，共同生活的日子相當多采多姿。兩人共通的興趣是打電玩。客廳裡擺了一台大螢幕及各種遊戲機，經常邀約朋友們一起來打電動，徹夜飲酒作樂。男性室友喜歡下廚，日常生活也就更加輕鬆愉快了。

下：收集了各種遊戲機，隨時想玩就玩。今晚即將又是個展開激戰的長夜。
右上：她室友的房間整理得很乾淨整齊。
右下：靠在窗邊的書桌。
右頁：一旁總是鋪著棉被，隨時可以倒頭就睡。

225

右：成堆空瓶說明宴客和聚會不
少。

下：吊掛的猴子是廁所的重點。

從遊戲區看到的廚房。

衝浪客的天堂

這裡是一對年輕衝浪客情侶的住所。男生是專業油漆工，女生則是以打工維持生計，一邊享受衝浪生活。房子位於東京周邊的衝浪小鎮，抱起衝浪板走一段路就到了海邊，十分方便。浴室與廁所是分開的，空間還算寬闊，從海邊回來之後梳洗也很方便。在這個看起來有點凌亂的空間裡還要養一條狗，實在是辛苦了。

看電視的地方，擺放了許多充滿兩人各種回憶的小東西。

229

左：水箱上的人造花，讓廁所呈
現出不同的表情。花與馬桶罩都
散發著現代日本的風情。

右：衝浪板後方是浴室。空間寬
敞，清洗衝浪防寒衣也很方便。

上：臥室的採光很好。簾子後方是收納空間。

下：從窗戶進出似乎也沒問題。柱子上的鳳梨其實具有照明功能。

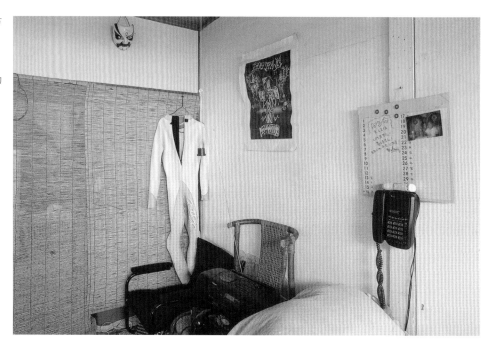

位在玄關旁的廚房全景。有一面
牆整個都是窗戶，開放感十足。
朋友非常多，因此準備了許多玻
璃杯。

二十四小時高速行駛

身為少年漫畫界的當紅炸子雞，實際上卻是個熱愛摩托車的重金屬派少女。頂著一頭七彩長髮，在凌亂的書桌前奮筆疾書，少女就窩在這個可以說已經變成工作室的房間度過絕大部分的時間。平常都是自己一個人，但截稿日前會有一堆助手擠在一起過夜。由於走到哪睡到哪的習慣，房間裡到處都有抱枕小山。在這個堆滿了資料、收藏品及工作用具、幾乎快沒有地方能夠走路的房間，顛峰時期甚至有五、六名助手像沙丁魚罐頭似的擠在一起熬夜趕工。

左：夢境般的廁所。
右：工作室的天花板。一字排開的抓娃娃機玩偶兵團十分壯觀。

從東南亞的木雕到黃色錄影帶，
五花八門的資料快把整間工作室
淹沒了。

上下鋪的床尾，瑪麗蓮 · 夢露
簾子給人強烈印象。

上：上下鋪旁滿滿一片的漫畫
牆。前後兩排的滑軌式書架滿滿
的都是書，可見收藏量之大。
下：床頭的小吸塵器超方便。

床鋪旁的空隙裡塞滿了抱枕。這裡也能提供給一位助手小睡片刻。

上：標語的內容相當正經八百。
下：從來不曾關燈過（？）的工作室。五彩繽紛的環境中依舊感受得到如戰場般的緊張感。

左上：放置了床鋪的房間裡還擺放了許多鐵架。窩在裡面的書桌上構思作品。

右上：掛在玄關旁的皮製品都是真的，已穿很多年了。

右：一不小心就會踢到腳邊的化妝道具，太田胃散的罐子可視為平日認真工作的勳章。

電子機械人類

喜歡汽車，喜歡模型玩具。身為軍事迷阿宅、興趣十分廣泛的上班族，從事的是設計相關工作。由於在家還兼差插畫設計的工作，因此一定要有一台麥金塔電腦。公寓的面積其實並不小，但收藏品實在太多，完全看不出來原本是個相當寬敞的房間。將近可以停放兩輛汽車大小的空間，如今卻幾乎快找不到可以立足的位置了。

上：晚上在桌子旁的一角，捲起棉被就可睡覺。

左下：簾子的左手邊是廚房。考慮搬家時可能會用到、於是留著沒有丟棄的電腦空紙箱，收納時相當棘手。

右下：已經變成置物櫃的寫字櫃。不用多久，這裡也沒辦法再拿來寫東西了吧。

右頁：工作室兼客廳兼飯廳兼寢室。寢具就塞在壁櫥的下層。

上：玄關部分。左手邊就進入洗
澡間。

右：廚房一角。慎重掛著不動產
商的廣告看版。當時波斯灣戰爭
時賣出的大樓。

右頁：只有洗澡的地方寬敞，感
覺良好。

房間雖然破舊，心依舊隨著音樂不停鼓動

屋主是雜誌編輯。目前在一家大型雜誌社上班，努力賺錢償還購買麥金塔電腦的貸款。對於偶像歌曲及電子音樂十分內行，偶爾還會負責規劃一日夜店。房間顯得寒酸。除了要繳房租，蒐集各種音樂及相關器材都要花不少錢，反正三餐吃麵包或泡麵也行，流理台只要能煮熱水就夠用了。

上：樓梯旁的腳踏車停放處。用塑膠袋把座椅包起來，是日本人特有的習慣。
右：床頭四周的模樣。糾結成團的多孔插座滾落在一旁。

左：典型的木造公寓，屋主住在二樓的第一間，庭院的綠意讓人心情放鬆。

衣櫥被書櫃和電腦擋住，所以門只能開一半，需要一點技巧才能把衣服拿出來。

從麥金塔電腦到取樣機（sampling machine），小小的空間裡塞滿了各種昂貴的高科技器材。

右：兼電玩遊樂區的餐桌風景，夫妻倆隨時都能展開激烈對戰。

左：從陽台可以眺望出去。摺疊椅上有令人懷念的 JPS logo。

下：放在玄關的寶石收藏櫃。

書從牆壁冒了出來

先生在大學教授哲學，太太是中學的美術老師，充滿知性的夫妻倆所居住的公寓裡，書本多得簡直就像是洪水氾濫。除了專門書籍，還有大量的雜誌、漫畫，尤其是少女漫畫，藏書量大得驚人。想要轉換心情時就下廚做菜或玩玩電視遊樂器，一個用來打電玩的巨大電視螢幕就緊鄰著每天晚上擺滿了大盤法國料理的餐桌——盯著魄力十足的大畫面，不怕近視會越來越深嗎？

放眼望去，每個房間、每面牆壁
都是書架，有一種書是從牆壁上
長了出來的錯覺。後排放的是精
裝書，前排放的是文庫本。在這
個家裡，將書本排成前後兩排已
經變成一種常規了。

書齋。入口在右後方，但因為書架的關係，門只能半開。感覺似乎並沒有考慮到萬一發生地震的話該怎麼辦。

KIDDIE KINGDOMS

兒童的王國

「我發覺，歐洲人所謂的童年是一段巴不得趕緊結束、未成熟且不完全的歲月，但是對日本人或者是東方人來說，童年卻是人生中最幸福的一段時光。」我想起一位住在日本的英國人曾經這樣告訴我。雖然目前的東京並非全然如此，不過，原本住在時髦的設計感空間裡、享受著令人稱羨的時尚生活的年輕夫妻，一旦有了孩子，生活空間於是瞬間變成了以孩子為中心，這樣的案例也十分常見。大理石桌面板換成了圓角的合成樹脂面板（一方面避免孩子撞到頭，髒汙也容易擦拭乾淨），原本走黑白色調的室內色彩，突然變成了五顏六色的繽紛世界。屋主雖然苦笑著說「這樣一點兒也不酷了」，但是他們自己應該也有發覺，屋子裡散發著前所未有的溫暖氣息，醞釀出另一種截然不同的舒適氛圍，這種安心感就連旁人如我也能感同身受。

257

平凡才是最好

位於東京郊區的典型獨棟日式房屋，裡面居住的是插畫設計師與他的家人。先生、太太，以及兩名念小學的女兒所構成的一家四口，住在這棟打從父親時代二十多年來幾乎不曾改建過的房屋。由於前往位於市中心的辦公室單程就要兩個小時，加上平常回到家就睡覺了，因此屋內的裝潢大都以妻女的需求來設計。不過，整日埋首於充滿緊張感的設計師世界，回到這個稍微凌亂、家庭氣氛濃厚的環境，身心反而更能夠獲得放鬆。

左：抽屜上方排列整齊的小東西。

左下、右：為了兩個女兒，特地把最大的房間改成了兒童房。小學就在附近，走路就能抵達。每天放學後總有許多同學來家裡玩。

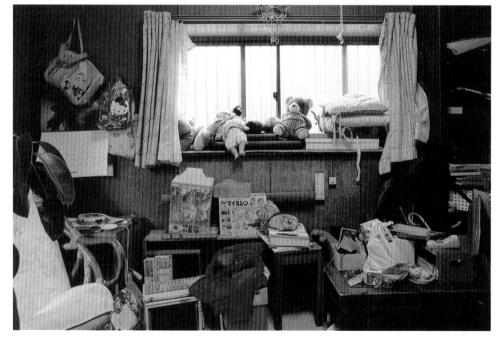

前頁左：全日本到處都看得到的郊外住宅區風景。年事已高的木造建築如今還是很珍惜地被使用著。

前頁右：兒童房的入口附近。再怎麼認真整理，東西還是一天比一天多。

上、下：玻璃門後面是使用了多
年的廚房。
右：起居室裡的暖爐桌是一家人
歡聚的場所。外面有個小小的庭
院。

雷鬼愛好者新型態的家庭

兩個人都在工作的年輕夫妻和一個小孩的典型新型態的家庭公寓生活。夫妻倆是在西麻布的雷鬼酒吧認識的，這個公寓的裝潢讓人看不出他們兩個都是雷鬼熱愛者，呈現出非常普通的裝潢。榻榻米上總是散落著小孩的玩具，因為怕窗簾會被小孩拉壞，所以就沒裝窗簾。房間位於公寓的一樓。外面就是共用的庭院，有很多年輕媽媽跟小孩會聚集在這裡，是個很熱鬧的環境。

上：臥室。窗戶外面是公寓的走廊。
左：很清爽的廚房。

採光很好的飯廳，因為沒有窗簾，更加明亮。

利用到不堪使用為止

尚且殘留著戰前街景餘韻的下町一角，夫妻與就讀小學的女兒一家三口就住在這間古樸的獨棟房子裡。先生的工作是建案統籌兼建築雜誌編輯，由於通車到市中心上班經常得擔心塞車問題，因此早上五、六點左右便駕著愛車 mini cooper 飛奔上路，不到十五分鐘就抵達公司，傍晚則盡量早點結束工作，這樣的模式已經持續了好幾年。善用自己的建築知識，能夠改造的地方盡量改造，努力將這裡打造成一個舒適的居家空間。只是畢竟是上了年紀的木造房屋，對於冬天從隙縫間鑽進來的冷風，似乎沒有什麼解決方法。

左：雖然房子在道路的轉角處，但由於位在住宅區內，來往的車輛並不多。晾衣物的陽台差不多到了該退休的年紀了。

右：從玄關透視內部。表面看起來東西多又雜，但其實所有的物品都是各就各位。

左：女兒的書桌。沒有另外安排獨立的房間，因此一家人能夠更親密地溝通互動。

右：右後方是廚房。就連收納也都設想周到。

左上：二樓變成了寢室。女兒的床鋪在梯子上方。

左下：排滿了別致盒子的衣櫃。

右：客廳兼餐廳。挑選家具的眼光十分專業，特別選擇較小的電視機使用。

東京都美國村

這是一間還存在於東京郊外美軍基地周圍的軍用住宅，這區離市區很遠，所以房租很便宜，而且比日本住宅還寬敞，非常吸引人。這一帶大多住著喜歡美國文化的音樂相關人士和畫家等，他們工作上需要寬敞空間，而且不用每天一大早花時間通勤到公司上班。不過這間是軍人住的房子，將校們住的房子更大更堅固。住在這間房子裡的是一位美術印刷設計師和他太太及兩個小孩的四人家庭。先生每天花兩個小時到市區的辦公室，雖然有點遠，不過因為他很喜歡車子，這間房子前院可放三輛車，他很喜歡這點，所以短期間內不會搬離這裡。

有很多人是這種充滿夏威夷舊市街風情的美軍用「房子」的鐵粉，雖然有很多地方已經破損得很嚴重，不過這種寬敞舒適的設計，給人日式住宅裡找不到的開放感。

這是連接著玄關的餐廳區域，小
孩的休閒鞋收得很整齊。

上：特別去找了符合這個住宅樣
式的沙發來放在這間客廳裡。
左：往廚房的入口。

廚房細部，舊式的電器用品非常
符合這間屋子的氣氛。

非常寬敞的浴室，天花板很高也是個優點。

家務整理大作戰

在影音器具製造業的技術部門工作的夫妻檔加上小孩，一家三口就住在這裡。大樓邊間面積不大的一房一廳，雖然是梯形的不規則空間，幸好旁邊就是綠地，完全不會有窒息感。客廳是孩子的遊戲場兼寢室，像這樣一個房間要兼具多功能的使用空間，加上收納空間少之又少，隨時都得整理打掃。每天早上把棉被摺好，推到角落疊好之後再以布蓋起來，衣物則直接從塑膠抽屜裡取出。由於屋外沒有放置腳踏車的地方，先生與小孩的兩部腳踏車不得不放在屋子裡，實在傷腦筋。

左：收納空間實在不多，所以必須經常整理。

右：客廳到了晚上搖身一變成為寢室。棉被以布蓋起來，就不會那麼顯眼了。

277

上：客廳全景。日照極好，不至
於感到空間狹隘。
右：衣櫥裡像個謎。

才收完就又散亂的玩具。

左：玄關口。

左下：因為工作關係，客廳裡的
ＡＶ影音設備非常齊全。

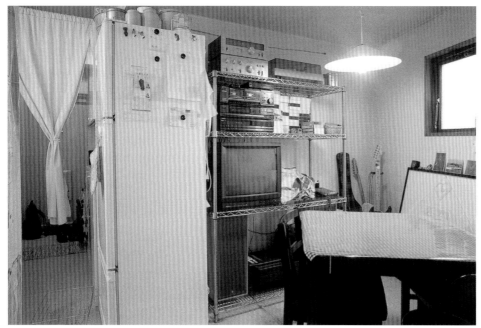

右：廚房。廚房用具與調味品都
收拾得十分整齊乾淨。

一窺青少年的生活

郊區新市鎮的住宅區常見的典型套房。住在這裡的是身為上班族的父親、熱中於花朵藝術的母親，以及兩個十幾歲的女兒。兩個女孩共用一間房間，兩張書桌並排在一起，晚上則是席地鋪上棉被睡覺。房間裡的裝飾幾乎都是媽媽親手做的。

下：兩張桌子並排構成的書房。晚上則是席地鋪上棉被睡覺。整齊放在椅子底下的拖鞋十分吸睛。

右：看看桌面上的模樣。正中央的逗貓棒是給家裡剛出生的幼貓使用。

客廳裡擺著一架十分顯眼的鋼琴。貓咪很舒服地躺在沙發上睡午覺。

INERTIAN LIVING

住居的絕對必要條件

有些人對於住家的裝潢設計是壓根兒沒興趣。他們對於為房子「改頭換面」完全沒有概念，搬進新房子時，既不會去想該使用什麼壁紙，對於收納也沒有任何想法。房子裡有什麼現成的就用什麼，缺少的東西就去附近採買或是撿回來使用，生活上的必需品有得使用就好。他們寧可把時間與精力花在其他的事情上，也不願意為了牆壁、窗簾或家具的配色傷腦筋。

最適合不愛下廚的人

住在這間公寓的是一位樂評工作者。餐廳兼廚房再加上一間房間，這樣的環境對獨居的人來說相當寬敞。屋主不喜歡打掃，加上又是個夜貓子，常常趕不上早上倒垃圾的時間，因此廚房裡堆滿了用黑色塑膠袋包起來的一袋袋垃圾。幸好她不喜歡下廚，三餐都是從外面買回來解決，所以家裡不會有廚餘，家裡堆再多垃圾也不會發臭，算是不幸中的大幸吧。

從玄關走進來就是廚房。這裡的空間幾乎被黑色小山占滿了。至於在桌子底下的報紙，雖然並不是故意要堆在那邊的……不過，吃飯或者喝茶的時候，隨手一伸就有報紙可看，也挺方便的。

寢室。和友人玩票性地共組樂
團，擔任的是貝斯手。對於自己
擁有的復古喇叭還滿得意的。

飯桌上的情景，在家吃飯都簡單
解決。

左：住家附近還有農地，環境十分悠閒。

下：日照非常好。露營用的銀色地墊，坐在上面還滿暖和的。

右：躺在窗邊看向廚房與玄關，眼中所見就是這幅景象。由於沒有家具，視野相當開闊。

一切都在地板上解決的省家具生活

男子的獨居空間。高中畢業後，為了追求成為音樂家的夢想，騎上摩托車、載著小包行李，花了一個多禮拜的時間從九州一路來到東京。很希望住家周遭與九州老家一樣環繞著綠地，於是在多摩川畔找到了這間公寓。這個平日相當寧靜的郊區附近有個賽船場，因此一到週末就變得人聲鼎沸。由於目前還無法靠音樂養活自己，每天都得和從老家一起來到東京的樂團友人去工地打工。房間裡完全看不到家具，所有的生活必需品都攤放在地上。

左：撿來的營業用冰箱，
最讓人困擾的缺點就是
噪音太大。
右：極簡的廚房。

右頁：臥室。把衣服摺好疊放整
齊，就能像這樣一目瞭然。

逃避通勤地獄，選擇租套房

這是個平面造型藝術家一個人住的房子，因為他想逃離擠得像沙丁魚的通勤電車地獄，遂在公司附近租了一間套房住。房間在一樓，牆外就是車道，車流量很多，有一次有輛卡車撞到外牆，讓人有點害怕。

房間全景，晚上鋪上床墊睡覺，一個人的話，這樣的大小已足夠。

音樂生活的哲學

原本在京都的大學專攻哲學的學者突然到東京當起音樂專業雜誌的編輯，套房裡放著DJ用的器材及他蒐集的12吋唱盤，窗戶被箱子遮蔽住。器材以外，只有床墊棉被。別說沒冰箱，甚至連碗盤都沒有，三餐都在外面解決，飲料也是從外面買回來，使用用完即丟的紙杯。也不燒熱開水，過著徹底禁慾克己的生活，不過他大部分的時間都是待在編輯部，所以完全不會感到任何不方便。

上：非常空的房間，右側是用布遮蓋住的書櫃。

左：DJ器材，對著床墊方向播放。

右：書櫃後一片空曠，本來為了要改善音響效果而收集了一些搬運蛋時所用的紙箱，但半途放棄了。

嗜好的休息室

這是剛出道不久的插畫家的工作室兼住家，因為還沒有接到很多工作，所以不得已只好在施工的道路上揮舞紅色棒子指揮交通，賺些生活費。不過他不惜花費大錢在興趣上，狹窄的套房裡放著價值不菲的釣魚用具及立體音響等。自豪的衣服全部都是上半身和下半身配好一套掛在牆上，彷彿等著隨時被穿出門。因為他完全不做菜，所以廚房裡只放著一個脫脂牛奶的盒子。

右頁：他很注重時尚。

上：釣魚用具的線軸排得很整齊。

右：從玄關往房間裡看的景象，是鋪木質地板的套房。

不使用就能常保整潔？

這個老舊的公寓雖然屋齡已經有十年了，乾淨整潔的內部，完全看不出來這是一間老屋。屋主在一家規劃時尚秀的公司上班，工作時間很不規律，早上出門一直到深夜才回家的情況是家常便飯。三餐都在外面解決，因此廚房非常整潔。三更半夜偷偷帶回來的廣告看板是全屋最令人注目的焦點。床鋪旁的三輪車是朋友送的，它還兼具床邊桌的功能。有時拿來放飲料，將便利商店的塑膠袋掛在車把上就成了臨時垃圾桶，最重要的是可以拉著四處移動，實在很方便。

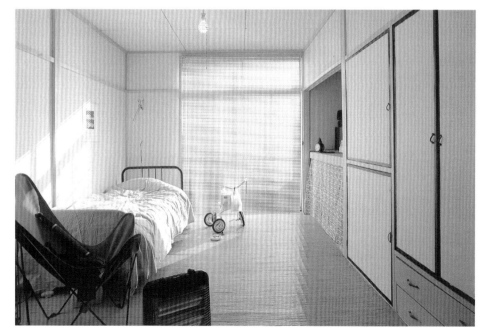

上：連小地方也很細心裝飾。
左：鋪上藤製地毯，屋內感覺頓時變得涼爽許多。蝴蝶椅有畫龍點睛的效果。

右：床頭旁有輛三輪車充當床邊桌。

上：從入口處眺望。右邊有廁所。
左：稍微裝飾了一下也很有感。
右頁上：椅子的角度支配著整個
房間的氣氛，桌上的小物件排列
很醒目。
右頁左下：衣櫃上的 AV 設備。
右頁右下：什麼都沒有的廚房。

左：雖然因為工作的關係衣服越來越多，平常一定會整理衣櫃。

右頁：造型時尚的單身宿舍大樓。位於市中心還不錯的地段，住起來舒適又方便。

單身宿舍的週末假期

這裡是某化妝品廠商的單身員工宿舍。最近剛剛蓋好的建築物整潔又美觀，一點兒也不像是單身男子的宿舍。每間都是單人房，附有衛浴設備。不愧是化妝品公司的員工，有不少美姿美容的相關物品，而且男性房間裡有梳妝台也十分罕見。以拳擊練習用的人偶取代沙袋，需要發洩情緒時狠狠揮個幾拳，怒氣頓時煙消雲散。雖然公司禁止，但週末時大多還是會找女友來這裡共度美好時光。

左：排放在玄關的鞋子們。
右：整理得乾乾淨淨的床頭。萬能的捲筒衛生紙是不可或缺的物品。

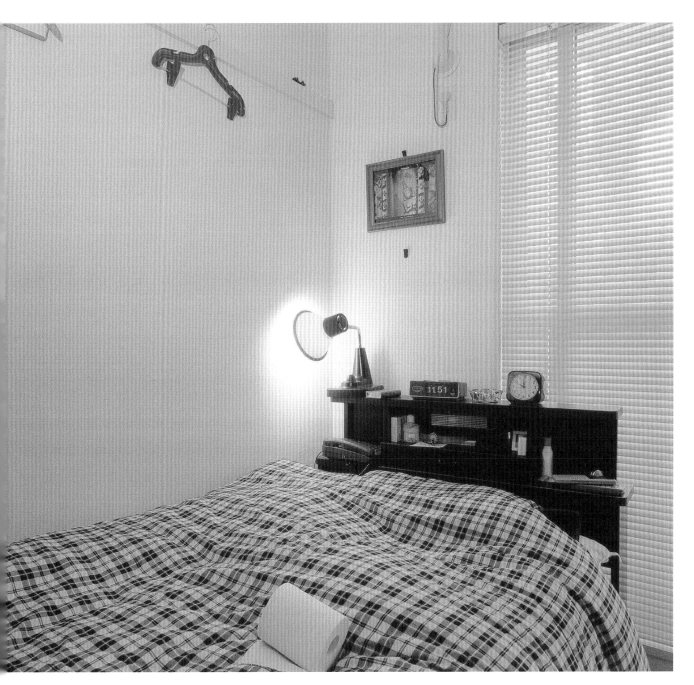

左：男性的房間裡很難得看到
梳妝台。早上會花不少時間整
理外表。

右：床鋪的另外一側堆了不少
AV 機器。

左：廚房。左邊是玄關，
天花板的燈是最近裝上
去的。
下：衣櫥。二手衣不但
價格便宜，又充滿挖寶
樂趣。

喜樂人生的最佳典範

一星期只要上班三天的單身女子優雅的公寓生活。曾經
在倫敦住過一陣子才回到日本。從家具、日用品到二手
衣，所有的必需品都是從跳蚤市場找到的便宜好物。雖
然只有一個房間加上廚房，空間並不大，由於不需要把
工作帶回家，這樣的空間已經足夠使用。在紅十字會的
義賣攤位找到的五彩燈具是當下一眼就愛上的東西。

左：從廚房往裡面看的情景。一
樓的日照意外地好，真是太幸運
了。

下：將鍵盤電子琴放在書桌上努
力練習童謠，打算在賞花時大顯
身手。

壁櫥也是床的一部分

在面朝著主要幹道、一旁有五線道，還有高速公路經過的舊大樓內，以打工維生、夢想有朝一日成為音樂人的房客就住在其中的一間小小單人房。一有卡車經過房間就會搖晃，不過很快就習慣了。一樓是二十四小時營業的便利商店，非常方便。不到三張榻榻米大的房間，光是樂器及影音器材就占據了絕大部分的空間，連打地鋪的地方都沒有。於是只好把一半的被墊塞進壁櫥裡，就這樣將著睡。房間裡只有一個小小的流理台，冰箱只能放在房間外的走道上。

上：上層是置物空間，下層則變成了床鋪的一部分。牆邊擺個小櫃子就成了床邊桌，真是方便。壁櫥裡因為比較暗，躺進去之後很快就能一夜好眠。

左：書架、影音置物櫃他全都不需要。

電器用品都是從二手店找來的。

左：櫃子上擺的是打小鋼珠時得到的戰利品。

右：壁櫥裡很暗，所以把頭放進壁櫥裡面睡覺的話，可以睡得很熟。

都會叢林裡的基地營

殘存於市中心大樓群山萬壑間的木造公寓，這是其中的一間房。沒有浴室，廁所大家共用，日照不足，房租非常便宜。住在這裡的是一位長年跟著海外青年工作團遠赴印度等地的女子。在東京只要有個地方可以睡覺、房間內有張桌子就足夠，因此住在這裡一點兒也不覺得有任何不便之處。

麻雀雖小五臟俱全的廚房。晾衣繩除了晾衣服還能充當掛衣架使用，因此長年都掛著不曾收起來。

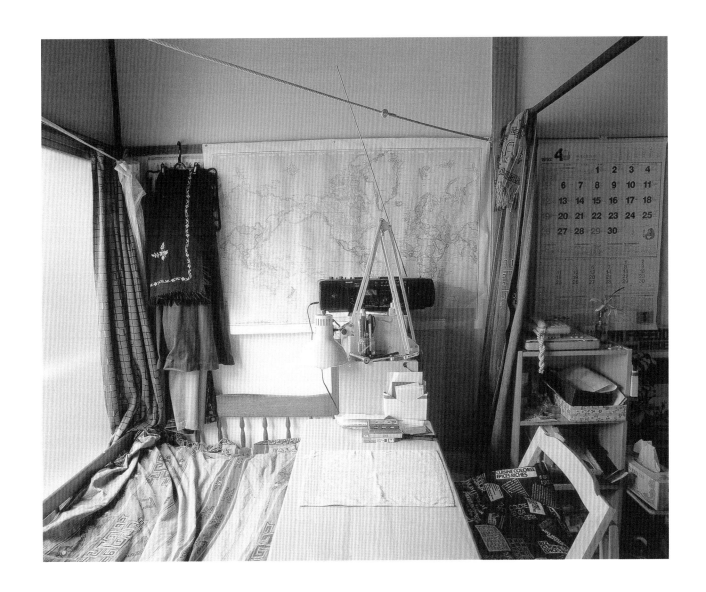

面窗的床頭及書桌四周的模樣。

日照還不錯，正適合悠哉度日。

像是住在樣品屋裡

一位職業婦女買了 **3LDK** 大的公寓，一個人住很舒適，真的非常大。她對室內裝潢完全沒興趣，所以從她買了之後，就沒動過任何擺設，朋友說，這間看起來就像是樣品屋。她大多在公司吃飯，幾乎不在家做菜，所以廚房裡什麼都沒有，肚子餓了的話，就到社區一樓那間二十四小時營業的全家便利商店買東西吃，完全沒感到任何不方便。有個鋪著榻榻米的和式空間，就算有很多朋友來玩，也可以住，非常方便。

上：在主要幹道旁的雄偉社區大樓。

右上：櫥櫃像是新婚家庭般擺得很整齊。

右下：房間也沒放任何雜物。

右頁：從餐桌看向和式區域的景象，到處都很清爽。

左：因為有很多房間，所以有一間專門放衣服。

右頁左：進入玄關，右邊是起居室，左邊是廚房跟廁所。

右頁右：浴室雖然已經非常老舊，拿來當作儲藏室，大小剛剛好。

不需要改造，缺少什麼再補上便是

面向大馬路、大型大樓中的一室。住在這裡的是於某當紅攝影師的事務所擔任經營管理的女性。這座大樓是已經有二十年以上歷史的老建築，如今已經很少見的一些細節反而為房子增添了不少有趣的氛圍。不破壞房間本身的內部陳設，裝潢的部分也捨棄購買大型家具，而是盡量自己找材料來組合或加工，努力打造出一個舒適的居住環境。由於平日都是去附近附三溫暖的澡堂，浴室幾乎都是閒置著，因此浴室便順理成章地成為最佳儲藏室。天氣還不錯的時候都會騎腳踏車去公司上班，生活十分注重健康。

上：床邊採光很好。

右：臥室全景。

最右：搬了些磚塊來，把每個都
洗得很乾淨後，鋪在陽台上。

上：拉門與地板巧妙地融合為一
體的客廳。家具都不是很高，空
間視野十分開闊。

最左：以磚塊及木板堆砌而成的
書架。

左：每年去紐約旅行時一點一點
慢慢蒐集來的寶貝們。

因為是舊式建築，所以天花板很高，架上竿子後，大衣類就很方便收納。

所有細節都散發著舊時代風情的廚房。最喜歡邀約三五好友一起來熱鬧一下。

繼續租，房租就更划算了

在時尚精品店工作的單身女性的住處。由於從學生時代就承租，房租十分便宜（包括衛浴月租六萬日圓），加上附近從以前就是學生街，隨處可見便宜又大碗的餐館、飲料店，實在太方便而捨不得搬離開這裡。雖然也很喜歡做菜，但下班時間通常都很晚了，實在沒時間下廚，這點倒是有點令人懊惱。

上：從廚房眺望床鋪四周的模樣。
左：不斷繁殖的鞋子多到只好擺到鞋架外了。
右：抱枕與布偶的擺放方式明顯散發著女孩的氣息。

玄關旁的廚房。

HERMITAGES

隱身於市街之中

在日本，也有如古老的方丈記中所記載的
美麗境界：一輩子享盡榮華富貴，最後卻
毅然決定離家，捨棄了擁有的家族與名聲，
遁入深山之中結一草庵度過餘生，即是人
生最大的幸福。比起英文的「hermitage」，
「隱遁生活」這四個字似乎更多了一分爛
漫天真的氣息。事實上，在以全世界最快
的速度運作著的東京，租下一個小小空間，
只為應付生活所需而工作，其他時間就拿
來看看書、畫畫圖、聽聽音樂，平靜地度
過每一天，以這樣的方式過生活的人其實
還不少，真是令人既驚又喜。當我遇見了
這些人，就明白東京依然是個令人捨不得
放棄的所在啊。

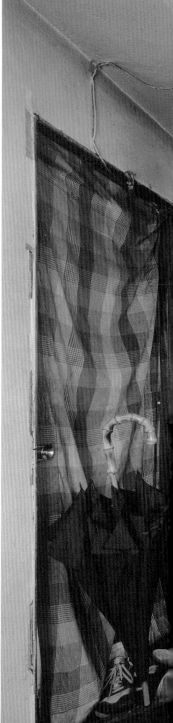

左、下：面向一扇窗的桌子處，
善用了凹進去的壁龕。
右：入口、流理台，還有壁櫥改
成的收納牆，看得出來屋主很喜
歡整理。可以看見門邊的衛生紙
放置處。

經過運算的方箱

在車站前一棟雖然是在東京卻令人聯想到香港、龍蛇雜
處的大樓內，這裡是某位電腦程式設計師居住的四張榻
榻米大的房間。沒有浴室，每層樓都有一間廁所，使用
時必須自備衛生紙。每個月的工作天大約十天左右，其
他時間就拿來喝酒、聽古典樂、浸淫在哲學書籍中。由
於經常光顧的酒吧就在住家附近走路可到的距離，家裡
只要有個能夠打地鋪的空間就行，因此這個房間對他來
說已經非常足夠。房間裡經常都保持整齊清潔，書、裝
在盒子裡的 CD 都排列得井然有序。

鐵道旁的書齋

位於小田急線鐵道旁的老舊木造公寓。公寓內有兩個房間，分別是四張半榻榻米大及三張榻榻米大，一有電車經過，房間就會跟著晃動。屋內是必須在公寓玄關處脫下鞋子的古老設計，既沒有浴室，廁所也要共用，但公寓就位在代代木的NHK旁邊，地點相當好。屋主研究古希臘語，經常與同好一起在這裡舉辦讀書會。除了書架之外，唯一勉強稱得上是家具的暖爐桌，白天是書桌兼餐桌，晚上則搖身一變成為寢具。

左頁上：合而為一的暖爐桌及書桌，是全屋的重心也是知識小宇宙。旁邊就是鐵軌，一有電車經過，房子就會晃動。

左頁下：與生存息息相關的器具一應俱全地排列在此處。

房子的一角自然而然地成了衣帽間。

伴著畫布入眠

這位藝術家從念美術大學時代就住在這間木造公寓內，
一直到現在。四張榻榻米大的單人房，沒有浴室，廁所
共用，不過有個面對鄰居庭院的窗戶，不至於感到閉塞
狹隘。有時候在自己的單人房裡畫畫圖，大白天其他房
客都不在的時候聽聽古典樂，晚上則是在林立的畫布之
間找空隙打地鋪睡覺。這樣的生活至今已經持續了將近
十年。

左頁左：電視機上方看起來好像很高科技，實際上只是室內天線。

左頁右：古典樂收藏。前方是畫具整理檯。

位於邊間的房間採光十分明亮。喇叭箱十分巨大，可惜無法完全發揮功能。

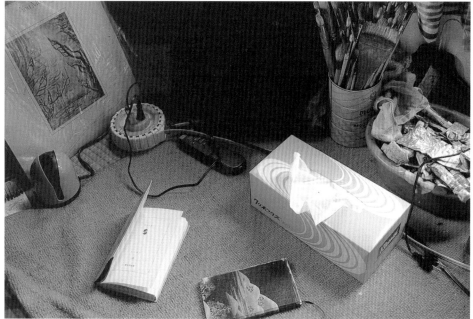

上：流理台。前方的洗臉盆裝的
是洗澡用具，就帶著它們去澡
堂。
下：午後在灑滿陽光的室內讀
書。
右：從入口走進來馬上看到的光
景。廚房右邊成了玄關。

休息片刻，立即再出發

房間的主人是一位旅行已經超越興趣成為本業的青年流浪者。以每個月兩萬七千日圓租下的這間木造公寓內四張榻榻米大的破舊房間，充其量不過是個放置行李的基地營，打工只要存夠了買機票的錢就立刻飛出國門。才剛剛結束為期半年在印度、尼泊爾的攝影，馬上又即將出發前往沖繩待三個月採收甘蔗。由於平日總放任冷風穿牆縫而過，因此一到冬天，在室內還是得穿著大外套。此外，房間的牆壁非常薄，即便是前兩間房間裡的電話響也能聽得一清二楚。

左頁：簡直快變成大抽屜的雜物
收納區域。平常就得注意避免讓
身邊的物品繁殖過多。

房間全景。採光非常不好。幾乎所有的
電視、音響之類的電器產品及家具都是
朋友們搬家時不要的東西，或者是別人
暫時寄放在這裡的物品。

屋簷下的國際大熔爐

這間位於市中心時尚重鎮區內大樓裡的單人房,是一位長期待在日本的美國籍男子、目前是現代日本文學翻譯家的個人居住空間。這棟建築物是由一九六〇年代初期自斯堪地那維亞學成歸國的年輕建築師所設計的,隱約散發著一股時尚摩登的氣味。房間在大樓的最頂層,稍微變形成梯形的室內空間顯得格外有趣。屋主才剛剛搬進來,由於個人對於木作頗有心得,所有的內部裝潢全都自己來,不假他人。看起來舒適又極富質感的牆壁,其實是利用混合油漆及砂所製造出來的編織紋效果。目前正如火如荼地進行將地板翻新成木頭地板的工程。

從書桌的位置眺望入口處的情景。

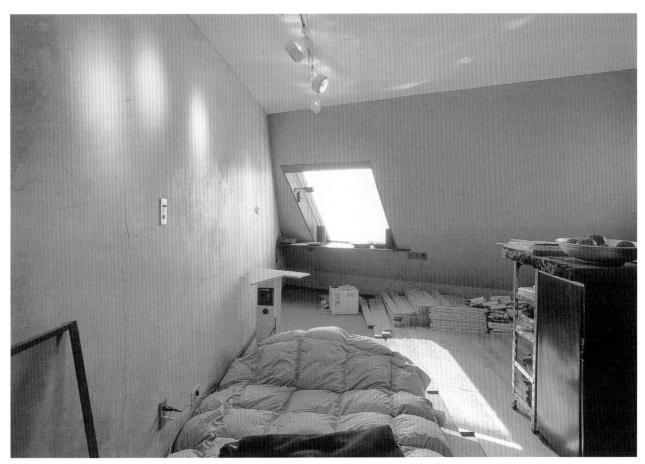

上：不方便使用的畸零空間，稍微花點心思就變得如此美輪美奐。牆壁的質感也處理得非常好。

下：在儲物櫃上橫架木板就變成了書桌。同樣是儲物櫃，貼上了坐墊就能充當椅子了。

上：入口處上方有根金屬棒，當
作衣架用。
右：做菜的水準是專業級的。從
義大利料理到泰國菜，每天都能
端出不同的菜色。

大人的宿舍生活

化妝品公司的單身男子宿舍。這棟已經上了年紀的建築物，裡面也有已經入住二十年以上的老前輩。所有房間都是單人房但是都很小，統一的床鋪、衣櫃等家具及窗簾花色也充滿了濃厚的宿舍氣息。雖然因為業種的關係，上班時一定要把自己的外表打理好，服裝及化妝品都得使用高級品，但由於住在這裡不必擔心別人的異樣眼光（規定禁止來訪者進入房間內），因此幾乎每個房間裡都亂得不像樣。洗臉台與浴室是所有人共用，用餐則是在食堂而非個人的房間內，完全是舊時代宿舍的風格。附近有座賽馬場，一到週末宿舍幾乎變成了空城，卻沒有幾個房間是上鎖的。

左頁左：除了前方的衣櫃，這就是個人房的內部全景了。

左頁上：床頭散發著濃厚的單身氛圍。

左頁下：床鋪旁的桌子。窗簾的花色也十分平實。

右：充滿懷舊氣氛的公共洗臉台。磁磚地板迴盪著廁所用木屐的聲響。

上：在一片混亂中顯得突兀的
高級化妝品及宣傳單成了奇妙
的對比。
右：光靠房間原有的櫃子無法
收納所有的衣物，因此組合式
衣櫃變得非常重要。

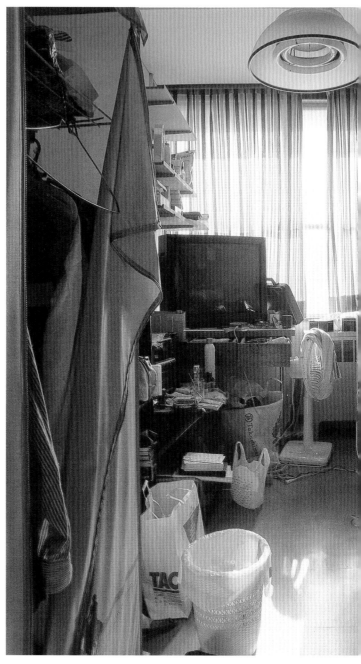

上：枕邊就這樣放著確認完畢
的賽馬新聞報紙。
下：像個時髦的上班族般，空
的紅酒瓶還有高爾夫球杆。

室內生活禮讚

電腦工程師的單身生活。身為自由工作者，接案之後就在家裡完成工作，因此日常生活大部分的時間都是在這裡度過。一直對音樂很有興趣，非常熱中於蒐集樂器、唱片，最近甚至開始蒐集雷射唱片。不論在工作中或玩樂時都不喜歡外出，因此經常自己下廚。一個人在廚房餐桌旁看看書或雜誌，一邊享用美酒，是屋主最喜愛的時光。

上：既能夠彌補運動量不足的問題又能一邊看電視或聽音樂，完全不浪費。咖啡館風格的沙發感覺也很棒。

左、右：塞滿各種收藏品的空間。從來不曾想過要搬家。

非常適合擺上大瓶燒酒的廚房。

很喜歡下廚。

幾乎空無一物的臥室。

纏著頭巾的隱居者

三張榻榻米大的單人房裡有個小流理台，以及從來不曾整理收起的地鋪。與畫裡所描繪沒兩樣的單身男子生活。白天進行考古學的挖掘及調查，晚上就去經常光顧的店喝兩杯，每天的生活大概都是如此。追求超凡脫俗生活青年的房間。身上總是穿著工作服、頭上綁著毛巾，身邊除了書以及錄音帶之外幾乎一無所有。

上：小小的流理台也當作洗臉台使用。
左：採光不是很好，完全不必擔心一大早被陽光曬醒的問題。

上：音樂是去店裡租 CD
回來之後自行拷貝成錄音
帶。能不花錢的地方就盡
量不花錢。

左：床頭處是閱讀的地方。
懷舊風的檯燈倒是與房間
的陳設氣味相投⋯⋯

宴會用個室

熱中於小劇場演戲的女子。雖然是只有四張榻榻米大的狹小空間，卻有一座超大的流理台，非常適合下廚，因此每天晚上都會設宴吃喝好友們一同歡聚。從排列在牆邊的空酒瓶就知道現場有多麼熱絡了。暖爐桌、老舊的收納櫃等等家具以及電子鍋之類的家用品全都是從外面撿回來的，與整個環境倒也滿契合。

上：因為是邊間的關係，兩邊都有窗戶，空間看起來更大了。橫貫上方的晾衣繩十分方便好用。下：在路上發現的老舊拉門櫃，大小剛剛好。稍微清潔一下，就變得漂亮又乾淨。

上：在四張榻榻米大的房間裡，流理台旁既明亮又寬闊。流理台同時還兼洗臉台使用。

左：同一棟公寓的住戶，不論何時都可以一起聚在一起，飲酒作樂也沒關係。

宿舍樓中的小宇宙

在東京大學附近，可以找到一區由一間間串連而成、專門租給學生的宿舍樓。數量雖然不多，卻依舊散發著濃厚的戰前氣氛。其中，最令人稱道的便是這一棟木造的三層樓建築、擁有七十個房間、規模首屈一指、至今依然威風凜凜聳立著的宿舍樓。宿舍樓裡什麼人都有：有學生，有從學生時代就一直住在這裡的人，有老年人，也有人把這裡當成第二個避風港。一直到幾年前，甚至還有一整個家族都住在這裡面。目前樓內大約有五十位居民，在戰後一屋難求的時代，這裡甚至曾經有過三百五十人同住在一個屋簷下的紀錄，由此可知這棟建築的規模之大。在這棟感覺即將壽終正寢的老房子裡，共用的廁所、共用的廚房等等，樓內的所有地方都打掃得乾乾淨淨，努力維護保存這個老建築，實在讓人感動。房租大概是兩萬日圓，非常便宜，因此有不少人打從學生時代就住在這裡了。依據現行的消防法規，三層樓的木造建築物是無法取得執照的，因此要格外注意避免火災的發生。每天晚上，管理員都會來回穿梭於走廊，提醒大家要「小心火燭」，這幅光景一點兒也不像是現代的東京啊。

前頁：位於本鄉的住宅區、由比鄰相接的三層樓木造建築構成的宿舍樓。從入口處的結構裝飾，以及年復一年不斷長高的棕櫚樹，可以看得出來這裡曾經也是相當時髦的住居。

右：建築師的居所。從學生時代就住在這裡，即便已經畢業了，還是繼續住這裡通勤上班。

從窗戶可以眺望外面的綠地。隔
壁的房子被樹掩蓋，也不輸給這
邊的古老。鑲在拉門上的玻璃圖
案真是美麗。

上：屋內完全不見個子較高的家具。將差不多高度的東西擺在一起，是讓和式房間看起來更寬闊的祕訣。

左：壁龕裡有一幅友人畫的大型油畫作品。

上：房間的主人目前的職業是建築師，從學生時代就住在這裡。地板、牆壁、天花板，所有的空間極盡所能地使用，完全找不到空白處，與前一頁的房間可說是天壤之別。天花板上橫架著好幾根棒子，可以掛衣服，或者把東西收納在棒子上方。

右：由於只接了室內天線，電視機經常沒有畫面，久而久之也就習慣了。橫躺在前方左側的棒子，可是能夠從床頭直接操控電視機、個人相當引以為傲的「萬能棒」呢。

上：心情可以沉浸在窗外的深深
綠意之中。

左：入口附近。矮桌還是圓形的
最好用。可以明顯感覺到地板也
是收納空間之一。

最左：床頭有座由好幾個捲筒衛
生紙堆疊而成的「衛生紙山」。
上廁所要自己攜帶衛生紙是這棟
宿舍樓的潛規則。

辭掉了工作，一個人搬出來住、目前失業中的女子，這是她的房間。與走廊之間只隔著玻璃窗，因此把衣服掛起來，維護一下隱私。

在這棟樓裡，附有流理台的房間相當罕見，不論是洗臉、泡茶都不必再跑一趟共用的廚房。為了慶祝獨立門戶，友人們一起送了淨水器當禮物。

前頁：從三樓眺望中庭。這裡真的是東京嗎？從地板的縫隙間隱約可以透視到底下一層。

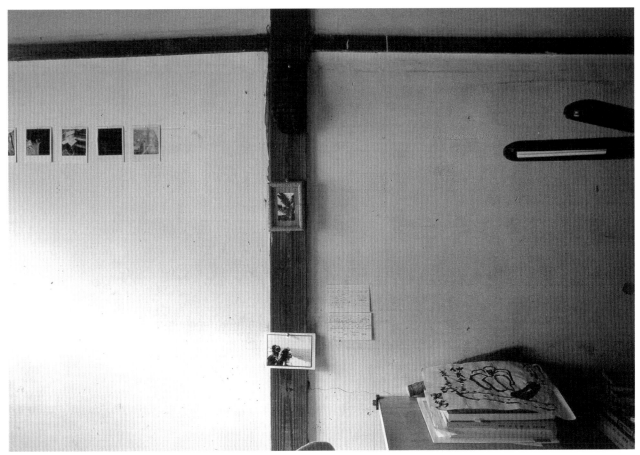

房間位在一樓，窗戶後面就是馬路。雖然安全性堪慮，但採光真的非常好。

最大的房間其中的一間。在這個八張榻榻米大、室內空間有點變形的房間裡，還有個小小的儲藏室。由於是最頂層的邊間，陽光非常充足。只是光線實在太亮了，因此將儲藏室當臥室使用。

臥室的部分。光線幾乎照不進來，想睡到多晚就睡到多晚，真是太開心了。

這間東大學生的房間裡，古色古香的裝潢依舊保存得相當良好。本人也非常喜歡這種復古的風格，還去二手家具店找了書桌和矮桌。電風扇、燈罩、小豬造型的蚊香座等等，到處都能看見與屋主的年紀十分不相符的擺設。

從視野良好的三樓窗邊遠眺本鄉的風景，濃厚的懷舊氛圍，完全無法令人聯想到這裡是二十世紀末的 TOKYO CITY。

坐著只需要半張榻榻米，睡覺只需要一張榻榻米

為了一探題名為《夕顏棚納涼圖》的屏風風采，我曾經特地前往上野的國立博物館。作者久隅守景是生於江戶時代前期的非主流畫家，既沒有人知道他的生年卒年，留下來的真跡作品數量也不多，但這張圖對我來說卻是人生最理想的光景。到目前為止，透過遊樂或工作，我見識過的室內裝潢不勝枚舉，但每當有人問我什麼是最終極的居住空間，我就會想起這幅畫。

金錢、名譽，想要的一切全都擁有了，最後卻渴望終老於深山之中的方丈。即便是在當今從不曾有過如此體驗的拜金主義社會，我發現這種很東方的心境卻依然深植於人們的內心深處，不曾改變。出門旅行卻故意投宿於窮鄉僻壤裡的小民宿；對於巷子裡的路邊攤有種難以言喻的安心感於是長居於此地……只要這種微不足道卻讓人安心的感覺依然存在，「日式的事物」就不會輕易從這個國家消失。這是我個人十分樂觀的直覺。

不少媒體都曾經討論過日本的住居生活這個主題。只是絕大部分的內容對於實際居住在日本的我們來說一點兒也不真實。他們所傳遞的不過是一種刻板印象，一種美其名為「和風」的商品。

本書無關高科技，也與後建築思維或任何美的意識沾不上邊，純粹只是為了那些由外窺看日本的人們，以稍微務實的態度來介紹東京平常人家的日常居住空間。這種做法大概也是一種創舉吧。透過這些付不起每個月十幾萬日圓房租的人們如何保有愉快舒適的日常生活，在充滿了高科技、茶室、石頭庭院的日本印象中切入一個新視角。

當我向身邊的人們宣布要製作一本以租金低廉的房間為主題的攝影集時，幾乎所有朋友都認為我「居心不良」。的確，本書中出現的房間與裝潢雜誌裡所介紹美輪美奐的圖片大相逕庭，也與「和風」扯不上關係。我不知道歐美人看過這些之後究竟會作何感想，但若是有人認為這根本就是在挖苦或者是一種黑色幽默，那麼我所花的這兩年時間，就變成白忙一場了。

佛教裡有這麼一句話：「坐著只需要半張榻榻米，睡覺只需要一張榻榻米」。不論你擁有的宅第是多麼寬闊，睡覺時需要的不過是一塊 2 公尺 ×1 公尺的空間。即便眼前擺滿了盤子，你也吃不了十人份的食物。雖然說大房間當然比小房間來得好，但比起為了背負高額的房租或銀行房貸不得不夜以繼日地工作，被自己喜歡的事物簇擁度日似乎更吸引人。有這種想法的人其實非常多，只是雜誌或電視節目不曾報導過罷了。這些人是如何一邊享受著愉快的普通生活，一邊建構出這座城市的樣貌？經常被認為是個充滿神祕感的黑盒子的東京，事實上不過是座稀鬆平常的一般都市。若是您透過本書能夠多少有些瞭解，便是我最大的榮幸。

我不喜歡寫一長串的感謝詞，但本書得以順利完成，真的要謝謝許多人的幫助。首先當然是將近百位願意接受我的不情之請、開放自己私人空間的受訪者們，以及教會我這個攝影門外漢如何操作相機的平井先生、中野先生、上田先生，還有京都書院願意陪我一起執行這個看起來有點風險的企劃案的大前先生、設計師西岡先生、翻譯者BANBAUMU 先生，以及從頭到尾都一直從旁協助我的安部先生。因為有你們的幫助，這本書才能順利出版。非常感謝大家。

1993 年 3 月　於東京　都築響一

TOKYO STYLE 日常東京【新裝版】

文字・攝影：都築響一
譯者：陳怡君　補譯：林佳翰

出版者：大田出版有限公司
台北市104中山北路二段26巷2號2樓
E-mail:titan@morningstar.com.tw
http://www.titan3.com.tw
編輯部專線（02）25621383
傳真（02）25818761
（如果您對本書或本出版公司有任何意見，歡迎來電）
行政院新聞局版台業字第397號
法律顧問：陳思成律師

總編輯：莊培園
副總編輯：蔡鳳儀
行銷編輯：陳映璇／黃凱玉
行政編輯：林珈羽
校對：金文蕙／黃薇霓
二版一刷：二○二○年九月十二日
二版二刷：二○二一年七月二十五日
ISBN：978-986-179-552-2
731.726085/109012231
定價：新台幣 599 元
初版：2016年3月10日

填回函雙重贈禮
①立即送購書優惠券
②抽獎小禮物